现代竞技体操创新理论与科学化训练探索

XIANDAI JINGJI TICAO CHUANGXIN LILUN
YU KEXUEHUA XUNLIAN TANSUO

李翠玲 李吉 著

中国水利水电出版社
www.waterpub.com.cn

内 容 提 要

本书在遵循体育运动一般规律的基础上对竞技体操的创新理论与科学化训练进行了探索，具体涉及竞技体操的基本知识、研究现状、创新理论、创新系统等内容，并对竞技体操训练的理论知识进行了分析。此外，还对男子竞技体操中的自由体操、鞍马、吊环、跳马和单双杠以及女子竞技体操中的跳马、高低杠、平衡木、自由体操项目的科学训练进行了研究。本书能够丰富竞技体操运动的理论研究，并对具体项目的训练有着较高的实用价值。

图书在版编目(CIP)数据

现代竞技体操创新理论与科学化训练探索 / 李翠玲，李吉著. --北京 ：中国水利水电出版社，2014.6（2025.7重印）

ISBN 978-7-5170-1982-4

Ⅰ. ①现… Ⅱ. ①李… ②李… Ⅲ. ①竞技体操一运动训练一研究 Ⅳ. ①G832.02

中国版本图书馆 CIP 数据核字(2014)第 096169 号

策划编辑:杨庆川　责任编辑:杨元泓　封面设计:崔　蕾

书　名	现代竞技体操创新理论与科学化训练探索
作　者	李翠玲　李　吉　著
出版发行	中国水利水电出版社 (北京市海淀区玉渊潭南路 1 号 D 座 100038) 网址:www.waterpub.com.cn E-mail:mchannel@263.net(万水) sales@waterpub.com.cn 电话:(010)68367658(发行部)、82562819(万水)
经　售	北京科水图书销售中心(零售) 电话:(010)88383994、63202643、68545874 全国各地新华书店和相关出版物销售网点
排　版	北京厚诚则铭印刷科技有限公司
印　刷	三河市天润建兴印务有限公司
规　格	147mm×210mm　32 开本　7.75 印张　155 千字
版　次	2014 年 6 月第 1 版　2025 年 7 月第 3 次印刷
印　数	0001—3000 册
定　价	36.00 元

李翠玲，女，1961 年出生于内蒙古，现任北京体育大学体操教研室主任、硕士研究生导师、国家级裁判。1973 年进入内蒙古体工队体操队，1975 年进入国家体操队；1984 年至 1988 年进入北京体育大学运动训练专业学习，获得学士学位；1989 年进入国家体操队任教练员。运动员期间，曾代表中国体操队参加了第十九届、第二十届世界体操锦标赛，分别获得团体第四名、第二名的好成绩；1980 年在美国哈特福德参加"抗奥"运动会，获得团体、个人全能第一名、跳马亚军、平衡木亚军；1982 年在第九届亚运会上获得团体、跳马两枚金牌，并在全国体操锦标赛上多次获得优异成绩。任教练期间，所带队员多次参加世界体操锦标赛及全国比赛并取得好成绩。

李　吉，1968 年出生，吉林省吉林市人，自幼从事体操训练，1976 年入选吉林市体操队，1978 年入选吉林省体育工作队，是省体操队主力队员之一，多次参加全国体操比赛，获得过全国少儿体操比赛全能第二名，单项第一名的成绩。1983 年入选国家集训队少年班。1987 年考入北京体育学院运动系，学习体操专业。毕业后留校任教，先后担任体操教练和体操教师。2005 年担任缅甸国家体操队主教练，参加南亚运动会。国家级体操运动健将，体育教育训练学硕士，国际级体操裁判，多次参加全国体操锦标赛担任裁判，2008 年北京奥运会担任国内技术官员。现为北京体育大学体操教研室教师，副教授，研究方向为体操运动训练学，体操教学理论。

前言

竞技体操是我国在奥运会上较为重要的优势项目之一，在国际大型比赛中取得了优异的成绩。竞技体操之所以有如此良好的发展，与竞技体操的不断创新有着很大的关系，因为没有创新就没有发展。现代竞技体操呈现出"难"与"美"的发展趋势，因此，对其理论研究与科学训练提出了更高的要求。

目前，我国普遍开展的体操项目主要是以强身健体为主要目的的健身类的体操，这方面的研究相对多一些。而对竞技体操的研究却相对较少。可以说，我国当前竞技体操的发展还处于探索阶段，需要对相关的创新理论与科学化训练实践进行更加深入的分析和研究，使研究的范围得到进一步的拓展。鉴于此，特意撰写了《现代竞技体操创新理论与科学化训练探索》一书，希望为现代竞技体操更好的发展提供一定的帮助。

本书共有七章，其中，第一章对竞技体操的基本知识进行了研究，研究的内容包括竞技体操的概念、分类、特点、基本术语及其竞赛的基本知识；第二章对现代竞技体操的研究现状进行了分析，包括竞技体操理论研究的概况和理论研究中存在的问题及详细分析；第三章对现代竞技体操创新的概念、分类、必要性、理论基础以及系统模式构建进行了详细的分析；第四章重点研究了现代竞技体操的创新系统，对现代竞技体操技术创新系统的基本内容以及技术创新支持系统、技术创新过程、技术创新激励进行了分析；第五章是对现代竞技体操训练基本理论的阐述，包括现代竞技体操训练的影响因素、基本原则以及科学化训练系统几个方面；第六章和第七章分别对包括男子自由体操、鞍马、吊环、男子跳马、单双杠在内的男子竞技体操项目和包括女子跳马、高低杠、平衡木、女子自由体操在内的女子竞技体操项目的科学化训练进行了分析和阐述。

本书在遵循科学性、实用性、时代性、系统性等原则的基础上，通过简洁凝练的语言、清晰明了的结构，对现代竞技体操创新理论进行了深入的剖析，对训练实践进行了科学的指导，内容丰富，知识点全面，是一本可读性较强的专业学术性著作。

本书在撰写过程中参考和借鉴了部分专家学者的研究成果和观点，在此表示最诚挚的感谢！另外，受时间和精力所限，不足之处，敬请指正。

作　者

2014 年 3 月

目 录

第一章　竞技体操的基本知识研究

竞技体操属于难美项群类运动项目，历史非常悠久。在竞技体操运动动作中，“难”与“美”是竞技体操最为显著的特点，具有较强的观赏价值。竞技体操也是我国竞技体育中的优势项目，多年来一直走在世界前列。本章主要阐述了竞技体操的基本知识，主要内容包括竞技体操的概念、分类及特点，竞技体操的基本术语，以及竞技体操竞赛的基本知识等。

第一节　竞技体操的概念、分类及特点

一、竞技体操的概念

竞技体操运动有着悠久的历史，它是通过徒手或在器械上完成不同类型、不同难度动作，以动作质量为前提，追求难美的技能类体育竞赛项目。竞技体操的赛事主要有奥运会体操比赛、世界杯体操比赛和世界体操锦标赛。在这几项赛事中，分别设有男子体操和女子体操两大类。其中，男子体操项目有自由体操、鞍马、吊环、跳马、双杠和单

杠 6 项；女子体操项目有跳马、高低杠、平衡木和自由体操 4 项。

随着体操项目的不断发展，竞技体操目前已经具有特定的竞赛规程和评分规则，并且还处在逐步的完善和发展的过程中。竞技体操运动以争取优胜为直接目的，对人的体能、技术和心理等方面都提出了更高的要求。

二、竞技体操的分类

竞技体操主要分为男子竞技体操和女子竞技体操两大类，其中男子有 6 项，分别为男子自由体操、男子跳马、鞍马、单杠、双杠和吊环；女子有 4 项，分别为女子自由体操、女子跳马、平衡木和高低杠。

（一）男子 6 项

1. 自由体操

自由体操场地长和宽均为 12 米。自由体操的动作较多，一般来说主要由各项技巧动作组成，并且与其他体操的动作结合在一起构成了基本的成套动作，进而构成了一个韵律和谐、节奏协调的整体。自由体操的一整套动作应该充分利用好整个场地，动作要紧凑而富有美感，并在 50～70 秒中顺利完成。自由体操的动作难度非常大，它对技巧串及静止动作都有严格的规定和要求，它既要求有向前的技巧串、向后的技巧串，还要求静止动作要有一定的技术难度。另外，男子自由体操在比赛中没有配乐，这对于运动员来说，要想充分展现出自己良好的技术与美感具有较大的难度。

2. 跳马

男子跳马高 1.35 米。跳马的动作并不复杂，但要求完成的动作质量非常高。跳马是由助跑开始的，运动员以双腿并拢起跳完成跳跃腾空动作，一般来说，助跑的最长距离为 25 米，在比赛中，运动员如果感觉自己的助跑出现问题，可以中断，然后继续下一个动作，但不允许返回重新跑，跳马对运动员的技术要求非常高，跳马的腾空要有一定的高度和远度。这样才能提高动作的质量和美感，从而为自己的动作得分打下良好的基础。

3. 鞍马

鞍马高 1.05 米，环高 12 厘米。鞍马是在马的所有部位，用不同的支撑方式完成不同的全旋和摆越动作，这是鞍马项目动作的基本特性。运动员在做鞍马全旋时，以并腿全旋为主。允许有通过手倒立加转体或不加转体的动作，不同的结构组的动作必须在充分的摆动中完成，不能有停顿，另外需要注意的是，该项目中不允许有力量动作。

4. 单杠

单杠高 2.55 米。单杠整套动作都是由摆动动作组成，以各种握法不间断地完成动作，它包括大回环、近杠动作、围绕身体纵轴的转体及飞行动作。允许有两次过杠下垂面的单臂摆动动作。单杠要求有一定难度的腾空动作等特殊要求。

5. 双杠

双杠高1.75米。双杠是由众多结构组中选出的摆动和飞行动作组成，通过各种支撑和悬垂动作来过渡完成。运动员在做双杠动作时，要求必须从并腿站立姿势开始，不得有预先动作，一套动作中最多允许有三个停顿或静止动作，其他大于或等于1秒的停顿将不被允许。

6. 吊环

吊环是男子竞技体操所独有的项目，吊环的环高2.55米。一套吊环动作应由比例大致相等的摆动和力量静止动作组成，这些动作和连接是通过悬垂，经过或成支撑，经过或成手倒立来完成，以直臂完成动作为主。由摆动到静止力量或由静止力量到摆动的过渡是当代体操的显著特点，做静止动作时，要求环静止，不能有大的摆动。吊环要求有一定难度的向前摆动完成的手倒立和向后摆动完成的手倒立，还要求有一个有难度要求的力量静止动作。

（二）女子4项

1. 跳马

女子跳马的马身长160～163厘米，宽35～36厘米，马高依据不同年龄组而有所区别，成年组为125厘米，少儿组为100厘米。马腿是铁质的,可升降。跳马前有一个弓形助跳板,大约高20～30厘米,是用胶合板制成的,具有一定的弹性,运动员助跑后的起跳要在这个起跳板上进行。男女所有跳马动作必须用双手撑马,助跑的长度可根据个人的实际情况而有所不同。跳马动作可以根据在空中的不同腾空类型分为几个组别,在运动员进行跳马比赛前教练员所举的号码就代表了跳马的动作。

2. 高低杠

高低杠是女子竞技体操所特有的一个项目,它由一高一低两付杠组成,杠间距离可以做适当的调整。低杠高130～160厘米,高杠高190～240厘米。横杠是椭圆形的,长径5厘米、短径4厘米,是由玻璃钢加木质杠面制成的,具有良好的弹性和坚固性。高低杠对运动员的技术要求较高,规则中对成套动作的不同难度的组合要求、低杠和高杠之间的转换次数以及腾空动作的难度、转体的难度均有具体的要求。

3. 平衡木

平衡木长5米、宽0.1米、木高可以根据实际情况自由升降,正式比赛中平衡木的高度为1.2米。平衡木对于运动员成套动作的难度和空中技巧串均有严格的规定,另外对比赛的时间也有一定的限制。

4. 自由体操

自由体操是男女竞技体操所共有的一个项目,场地面积为12×12平方米，地毯下面设有许多海绵块，所以自由体操场地不同于一般地板，具有良好的弹性和缓冲性能，便于运动员在上面完成各种高难的体操跳步和技巧空翻动作。和男子自由体操不同，女子自由体操要在有配乐的情况下完成各种空翻和技巧动作，而对于完成动作的时间也有规定，要求运动员必须在70～90秒之内完成动作。

三、竞技体操的特点

(一)能全面增强人体的基本素质

竞技体操项目众多，内容丰富，具有各种各样的动作类型，经常参加练习，能全面锻炼人体的基本素质，对于练习者力量、柔韧、灵巧、协调、平衡等身体素质的提高具有极大的帮助。练习者可根据实际需要和兴趣爱好来选择不同的项目来锻炼身体局部和各器官，增强各器官、系统的功能；经常参加竞技体操训练还能培养练习者的节奏感、表现力和勇敢、顽强、果断的意志品质。

(二)教学和训练中要采取必要的保护措施

竞技体操运动包括各种不同的器械、不同的动作类型和不同的动作难度。在竞技体操中，很多动作都是人为设计的，技术性强，这对竞技体操运动员提出了更高的要求。运动员往往在平时的训练和比赛中完成某些动作时发生失误进而产生一些伤害事故。因此，在竞技体操教学和训练中必须要采取一定的保护措施，以保证运动员的安全。

保护帮助既是预防伤害事故的安全措施，又是学习难新动作的有效教学手段。

（三）展现出独特的艺术性

竞技体操动作繁多，难度大，编排新颖，不仅要求运动员顺利的完成动作，同时还要求完成的动作要优美，给人以美的享受，因此竞技体操是体育与艺术的高度结合。因此，在运动项目的分类中，竞技体操属于技能主导类表现难美性项群。从运动员的形体、服饰、音乐到完成动作时的造型、力度、幅度、节奏、表现力等无一不体现出竞技体操独特的艺术性特点。

（四）求难创新，充分挖掘人体运动潜能

一套竞技体操动作的价值主要体现在高难动作的数量、动作组别、编排等方面。随着材料科学的发展和训练方法及手段的科学化，竞技体操的动作难度发展越来越大，高水平运动员的成套动作中高难度数量大大提高，这对运动员的综合能力提出了很高的要求。

另外，创新在现代竞技体操的发展中占有非常重要的地位，新的动作技术和方法，训练方法和手段等大量出现在竞技体操比赛中。另外，竞技体操还非常注重动作的编排，一个好的动作编排能有效地提升成套动作的难度价值。因此，竞技体操技术的发展，要求人们不断求难创新，只有这样才能跟上竞技体操发展的步伐。

第二节　竞技体操的基本术语

体操术语是体操学科的专门用语。体操术语是随着体操的发展而不断完善和发展的。体操术语来源于实践又指导实践。它是传播、交流体操信息不可缺少的工具。在平时的体操教学与训练中，广泛地运用规范化的体操术语，不仅对提高教学和训练的效果有一定的帮助，同时对竞技体操的普及还有一定的推动作用。

竞技体操相关术语非常丰富，本节重点介绍一下竞技体操中人与器械关系的术语、动作方法术语、动作相互关系术语，以及体操动作的记写等。

一、人与器械关系的术语

竞技体操项目动作内容非常丰富，主要是通过徒手和在器械上完成的。所有徒手体操动作术语同样适用于竞技体操的徒手动作。但在人与器械产生关系时，就需要有专门的术语来表达。

人体与器械的关系主要是以器械处在人体的某一方位和人体的肩轴与器械轴的关系来确定的。器械轴是指器械最长的工作部分两端的中心连线。吊环轴是指两环(握点)之间的假设连线。

(1)前、后、左、右：器械在人体前面的为前，器械在人体后面的为后，器械在人体左边的为左，在右边的为右。

(2)正、侧：肩轴与器械轴平行的状态为正，肩轴与器械轴垂直的状态为侧。

(3)内、外：人体在双杠或高低杠两杠之间为内，两杠之外为外。此外，人体在移出器械同时加转体动作时，胸向器械内转体为“内转”，反之为“外转”。

以直立时为例说明人体对器械的关系术语：后正立(图 1-1(1))；前正立(图 1-1(2))；左正立(图 1-1(3))；内正立(图 1-1(4))；前侧立(图 1-2(1))；后侧立(图 1-2(2))；右侧立(图 1-2(3))；内侧立(图 1-2(4))。

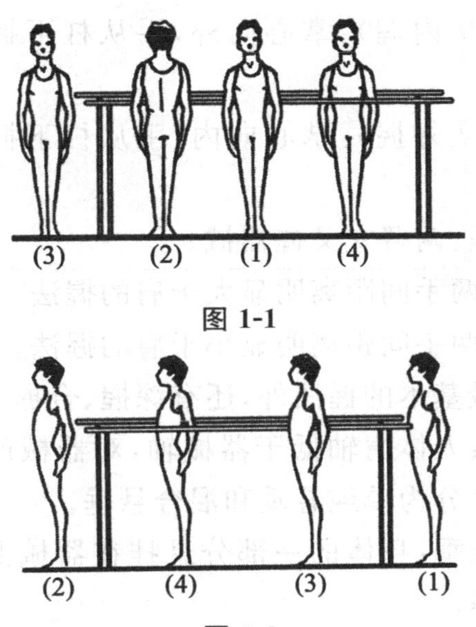

图 1-1

图 1-2

(4)远、近：指人体与器械部位的距离来确定器械的部位名称。器械靠近人体的部分为近，反之为远。如在双杠前(或后)正立时，靠近人体的一杠为近杠，另一杠为远杠。

(5)纵、横:人体的肩轴与器械轴垂直时为纵,平行时为横。如横箱、纵箱等。

二、动作方法术语

(1)握法:手握体操器械的方法,主要包括以下几种。

①正握:两手虎口向内或向前握器械。

②反握:两手虎口向外握器械。

③正反握:一手正握,一手反握器械。

④内握(从内握):掌心向外,手从杠下握双杠内侧的握法。

⑤外握(从外握):掌心向内,手从杠下握双杠外侧的握法。

⑥交叉握:两臂交叉握器械。

⑦宽握:两手间距离明显大于肩的握法。

⑧窄握:两手间距离明显小于肩的握法。

除上述最基本的握法外,还有深握、合握、扭臂握等。

(2)悬垂:人体肩轴低于器械轴,对器械产生拉力的悬挂姿势。悬垂分为单纯悬垂和混合悬垂。

①单纯悬垂:身体的一部分悬挂在器械上的悬垂。如单杠的悬垂等。

②混合悬垂:身体的一部分悬挂在器械上,同时还有其他部分附加在器械上或地面上的悬垂。如单杠的左挂膝悬垂等。

(3)支撑:人体肩轴高于器械轴,对器械产生压力的支撑姿势。支撑分为单纯支撑和混合支撑。

①单纯支撑:身体的一部分支持在器械上的支撑。如双杠的支撑、挂臂撑。

②混合支撑:身体的一部分支持在器械上,同时还有其他部分附加在器械上或地面上的支撑。如双杠的分腿坐撑、挂臂分腿俯撑等。

(4)倒立:在支撑中,头在下、脚在上的一种垂直姿势。如头手倒立、肩倒立、手倒立等。

(5)摆动:来回一次的摆。如双杠的支撑摆动等。

(6)弧形:经伸展身体,使身体重心远离支点并沿抛物线轨迹运动的动作。如单杠的支撑后倒弧形下等。

(7)转体:身体绕人体垂直轴转动的动作。如单杠的骑撑后腿向前摆越转体180°成支撑等。

(8)回环:身体绕器械轴(握点连线)转动一周的动作,如单杠的骑撑前回环、支撑后回环等。

(9)上:通过一定的方法,从较低的部位(或地面)到器械较高部位的动作,如单杠的翻上、双杠的挂臂屈伸上等。

(10)下:通过一定的方法,从较高的部位到较低部位(或地面)的动作。如单杠的支撑后摆下、双杠的前摆下等。

(11)倒(下):肩部有倾倒,身体自上而下弧形的动作。如单杠的骑撑后倒挂膝上等。

(12)摆越:腿在器械上或器械下越过的动作。如单杠的支撑单腿向前摆越成骑撑等。

(13)腾越:整个身体腾空从器械上越过的动作。如山羊分腿腾越等。

(14)滚翻:身体某些部分(或只有肩)依次接触器械或地面并经过头部的翻转动作。如技巧的前滚翻、双杠的挂臂(挺身)后滚翻等。

(15)手翻:用手和(或)头推离地面(器械)并经过头部的翻转动作。如技巧的头手翻、前手翻等。

(16)空翻:人体腾空后经过头部的翻转动作。如技巧的后空翻等。

(17)全旋:在支撑状态下单腿或双腿绕垂直轴做绕环一周及一周以上的圆形动作。如技巧的蹲撑单腿全旋等。

三、动作相互关系术语

动作相互关系的术语是指动作(技术)与动作(技术)之间关系的用语。

(1)同时:指运动员身体的不同部分或动作(技术)与动作(技术)之间需要同一时间内或者在同一过程中完成时。如单杠的骑撑后腿向前摆越同时转体90°下等。

(2)依次:指在单个动作中,运动员身体某些部分相继做同样性质的动作。如侧手翻的动作技术,两手是依次撑地后再依次推离;两脚依次蹬地后再依次落地。

(3)接:指运动员两个单独动作之间要求连续、无间断的完成。如技巧的跪跳起接挺身跳等。

(4)经:指运动员在做动作的过程中要求经过(不停顿)某一特定方位。如单杠和双杠的经直角悬垂摆动屈伸上。

(5)至：指运动员动作做到某一特定方位。

(6)成：指运动员动作做成某一特定姿势结束。如单杠的跳上成支撑等、双杠的分腿坐前滚翻成分腿坐。

四、竞技体操动作的记写

(一)单个动作的记写

1. 文字结构式

(1)学名记写法：指动作基本术语所组成的体操动作名称。它是一种规范化的、统一的体操动作名称术语，准确性较强，常用于公开发行的图书和各种正式文件。

(2)命名记写法：指经国际体操联合会批准的，在世界重大国际体操比赛中，以第一次创造难新动作的运动员的名字或国名命名动作。如吊环“李宁摆上”“程菲跳”等。

(3)俗称记写法：指当前所广泛流行的，并已定型的、简短的通俗名称。如“踺子”“小翻”“回笼”等。

(4)简化记写法：指在一个较为冗繁的动作名称中，只用其中某个或某些能表示该动作显著特征的词或字来简化动作名称。如“1080”指的是直体后空翻同时转体1080°。

2. 符号结构式

指用简单的、形象的、便于记忆和记写的符号记写动作。常用于体操比赛的现场记录。

3. 图象结构式

指用图形和图象来记录的体操动作。

(二)成套动作的记写

竞技体操动作的记写,是指用一定的格式把成套动作的先后顺序和相对独立部分等表现出来的记写形式。目前常用的竞技体操成套动作记写的形式主要有以下几种。

1. 连续式

连续式,是指按动作的先后顺序,用“逗号”把相对独立部分隔开的一种记写形式。用学名记写法以连续式(学名连续式)记写一套动作。例如,低单杠:前正立,正握,经直角悬垂摆动屈伸上,支撑后回环,后倒弧形下。

2. 连接式

连接式,是指按动作的先后顺序,用“连接号”把相对独立部分连接成为成套动作的一种记写形式。用学名记写法以连接式(学名连接式)记写一套动作。例如,技巧:直立—侧手翻外转 90°—前滚翻两腿交叉转体 180°—后滚翻成跪撑—跪跳起接挺身跳。

3. 分行式

分行式是按动作先后顺序用数字把成套动作中相对独立部分分行排列的一种记写形式。用学名记写法以分行式(学名分行式)记写一套动作。

低单杠

序号	动作说明	动作值
1.	站立悬垂,一脚蹬地、一腿摆动翻上成支撑	1.5 分
	……	……
7.	后腿向前摆越同时转体 90°下	1.5 分

4. 表格式

表格式就是按照动作先后顺序把成套动作中相对独立部分,通过表格和分行排列的一种记写形式。用学名记写法以表格式(学名表格式)记写一套动作(表 1-1)。

表 1-1　双杠动作记写(表格式)

顺序	动作说明	分值	动作典型错误	扣分
1	挂臂后摆上	2.0	1. 成支撑时屈肘 2. 成支撑时腿低于杠水平面	0.1～0.3 0.1～0.3
……	……	……	……	……

第三节　竞技体操竞赛的基本知识

随着体操运动的快速发展,体操赛事越来越多,由于竞技体操的观赏性较强,吸引着人们的广泛参与,到竞技场上观看体操比赛的人越来越多。而人们观看竞技体操比赛需要懂得有关竞技体操竞赛的基本知识，本节就对此做出重点阐述，以帮助人们更好地观赏高水平的竞技体操赛事。

一、竞技体操比赛的基本常识

竞技体操比赛，项目众多、技术难度较大，因而其竞赛规则也非常复杂，如果不了解体操比赛的特点和规则，往往就难以体会到体操比赛真正的美。下面就简单介绍一下竞技体操比赛的一般常识。

（一）竞技体操比赛的种类

目前国内外体操大赛通常只进行自选动作比赛。大型体操比赛一般分为资格赛（第Ⅰ种比赛）、个人全能决赛（第Ⅱ种比赛）、个人单项决赛（第Ⅲ种比赛）、团体决赛（第Ⅳ种比赛）。通常比赛顺序为资格赛、团体决赛、个人全能决赛和个人单项决赛。观众可根据个人爱好和兴趣自由选择观看。

在竞技体操比赛中，所有参赛队和参赛个人必须参加资格赛，资格赛通过后才能参加后边的决赛，资格赛决定了参加其他三种比赛的资格。观众观看资格赛可以全面了解各参赛队及个人的实力情况。团体决赛由资格赛中团体成绩排前8名的队伍参加，通过比赛将决出本次比赛的团体第1～8位名次。由于决赛是资格赛前八名才能进入，因而水平较高，具有较大的观赏价值。

个人全能决赛由资格赛中全能成绩前24名的运动员参加比赛(规则规定每个队最多有两名运动员)。通过比赛决出全能前24名。

个人单项决赛是竞技体操单项最高水平的比赛,深受观众的欢迎和喜爱。它是由资格赛中各单项前8名的运动员参加(每个队最多两名运动员)。通过比赛将决出单项前8名。

(二)竞技体操比赛的程序

竞技体操比赛可以分场,也可以同场进行。一般情况下,重大的国际体操比赛均采用男、女分场比赛的形式。

运动员入场后,正式比赛前,每个项目的每名运动员都有30秒(男子双杠、女子高低杠50秒)的准备活动时间。比赛开始后,由D1裁判举绿旗或亮绿灯,示意运动员开始比赛,运动员要向裁判长举手示意并在30秒内开始做动作。各项目成套动作除自由体操(男子不超过70秒,女子不超过90秒)和平衡木(不超过90秒)外,均无时间限制;完成一套动作后,运动员应立正向D1裁判示意后才可退场。裁判员根据运动员的完成情况进行评分。本组运动员都做完动作后,D1裁判应在本项目的器械上挂上红旗或亮红灯,示意本项目此轮比赛结束。当男子6项或女子4项都挂上红旗或红灯亮后,由播音员宣告运动员开始轮换项目,进行下一项目的比赛。运动员赛完所有项目后,本场比赛结束,裁判员和运动员退场。

(三)竞技体操裁判组的构成与责任

单项裁判组主要由D裁判组、E裁判组和辅助裁判构成。

(1)D裁判组由2名裁判员组成。D裁判组确定"D"分,即成套动作的内容。

(2)E裁判组由6名裁判员组成。E裁判组确定"E"分,即成套动作的完成情况,涉及技术、编排要求和身体姿势。

(3)辅助裁判员和助手(自由体操视线裁判、跳马视线裁判、自由体操和双杠热身时间的计时裁判员,以及根据比赛需要,设置的各种辅助人员,如记分员、秘书、计算机操作员、跑分员等)。

在所有场次比赛中(资格赛、团体决赛、全能决赛和单项决赛),单项裁判组的人数和组成完全一致。但是,在单项决赛中,有裁判员回避制度,凡来自参赛运动员同一协会的裁判不得执法该项目的裁判工作。

国际体联组织的体操比赛应严格按照以上人员构成裁判组。国内或区域性比赛D组和E组裁判均可适当减少。

裁判员在场上执法时的座位以顺时针方向排列在器械周边。

(四)竞技体操裁判评分

在所有的体操项目中,成套动作最后得分包括"D"分

“E”分和违纪扣分三个部分的内容。D分主要包括运动员完成动作的难度分、完成动作组别加分和动作连接加分。男子E分包括运动员完成动作的技术、编排情况、艺术和完成情况；女子E分包括运动员完成动作的一般错误、专项完成错误、技术/艺术性错误和完成情况。E分的最高分数为10.0分。违纪扣分，是指在比赛中运动员出界、超时和违反纪律扣分。

一般情况下，运动员在完成一套动作后，首先由D组裁判出示D分，然后由E组裁判出示所扣错误E分，再根据难度分和扣分情况计算出运动员的最后得分。

1. D组裁判评分

(1)除跳马外，男子其他各项目计算10个(青少年为8个)难度动作的价值之和(每个组别不超过4个，加上下法的价值)；女子其他各项目计算8个(青少年为8个)。高低杠以完成7个最高难度价值的动作加上下法，平衡木、自由体操则需要完成至多5个技巧动作加上至少3个舞蹈动作。

所有体操单个动作都尽可能地列入体操动作难度表中，动作难度分成A、B、C、D、E、F、G七个级别。每个动作都有一个特定的难度价值和一个特定的编号。在所有比赛中，男子自由体操、鞍马、吊环、双杠、单杠和女子高低杠、平衡木、自由体操的成套动作的难度价值计算见表1-2。

表 1-2　竞技体操成套动作的难度计算表

难度	A组	B组	C组	D组	E组	F组	G组
分值	0.1分	0.2分	0.3分	0.4分	0.5分	0.6分	0.7分

(2)自由体操、鞍马、吊环、双杠和单杠每个单项的动作被分为不同的动作组别，指定为Ⅰ、Ⅱ、Ⅲ、Ⅳ、Ⅴ组，除了自由体操项目没有第Ⅴ动作组别之外，其他项目的下法动作被指定为第Ⅴ动作组，每完成一个动作组别的动作可获得0.5分，完成5个动作组别的动作可获得2.5分。

女子(除跳马外)每个项目有5个编排要求，其中包括对下法的要求(自由体操中的下法被视为最后一串技巧动作)，每满足一个编排要求可获得0.5分，完成5个编排要求可获得2.5分。

(3)动作连接加分(男子自由体操、单杠和女子高低杠、平衡木、自由体操有连接加分)。

将这三部分的得分相加，即为“D”分。

2. E组裁判评分

E分从10分开始，以0.1分为单位进行扣分。去掉E组裁判评分中的最高扣分和最低扣分，剩下的E组扣分的平均分为E组的平均扣分。从10分减去E组的平均扣分即为最后的“E”分。

3. 最后得分

最后得分＝“D”分＋最后的“E”分－违纪扣分(女子又

称中性分)。

二、竞技体操的三大赛事

近年来,竞技体操赛事越来越多,深受人们的欢迎和喜爱。目前,国际体联所举办的正式的体操赛事有奥运会体操比赛、世界体操锦标赛和世界杯体操比赛三大项。

(一)奥运会体操比赛

奥运会体操比赛始于1896年的希腊奥运会,每4年举办一届。第1届奥运会的体操比赛项目主要有双杠、单杠、鞍马、吊环等。1928年第9届奥运会,允许女子参加体操比赛。

奥运会体操比赛对运动员的参赛有一定的限制,其参赛资格为:奥运会前一年的世界体操锦标赛的团体前12名和符合有关规定的个人,年龄应满16周岁。可以说,奥运会体操比赛是世界最高水平的体操赛事,一直受到各个国家和体操运动员的高度重视。

(二)世界体操锦标赛

世界体操锦标赛始于1903年,是由国际体联组织的最大型的体操。比赛前6届每2年一届,第7届改为每4年一届(中途因一、二战中断两届),与奥运会间隔举行。1978年后又改为每2年一届。从1991年起改为年度比赛,并分别为世界单项锦标赛、团体和个人世界锦标赛、有限制的团体和个人世界锦标赛,时间和地点由理事会或执委会根据章程决定。

(三)世界杯体操比赛

世界杯体操比赛始于1975年,举办了8届后于1990年取消。后来在1997年,国际体联又开始组织世界杯体操比赛(世界体操大奖赛)。世界杯赛由世界杯系列赛(巡回赛)总决赛构成,总决赛两年一个周期,规定在偶数年举行,世界杯决赛被称为是世界上最优秀体操运动员的比赛。

三、竞技体操比赛的方法

1956年以前,竞技体操比赛的方法较为简单,只进行规定动作和自选动作两次比赛,然后根据这两次比赛的成绩来确定团体、全能和单项名次。到了1956年,在澳大利亚墨尔本奥运会上,试行体操单项决赛。而从1972年开始,又实行三种比赛。25年后,又将三种比赛改为四种比赛,同时取消了规定动作的比赛。根据国际体联的规定,目前的竞技体操比赛办法主要分为以下四种。

(1)预赛:预赛结束后,确定其他三种比赛的决赛资格。预赛中团体成绩的记分办法采用6—5—4制的形式,奥运会团体体操比赛则采用5—3—3的形式。

(2)个人全能决赛:预赛中全能成绩前24名运动员参加个人全能比赛,每个运动队最多2名,可以有4名替补运动员。

(3)个人单项决赛:预赛中单项成绩的前8名运动员参

加个人单项比赛，每个运动队最多2名，可以有3名替补运动员。

(4)团体决赛：预赛中团体成绩较优的前8个队参加团体比赛。团体决赛中成绩的记分办法采用6—3—3制的形式。

四、竞技体操比赛的欣赏

人们观赏竞技体操比赛需要了解一定的竞赛知识，对体操竞赛规则的了解和推广还能进一步促进竞技体操的发展。

(一)规定动作及其评分

规定动作是必须按照所规定的动作形式、动作顺序、动作方向、连接方法和技术要求完成的成套动作。目前，这种规定动作已被取消，只保留有自选动作的比赛。但是规定动作是运动员的基础，运动员在平时的训练中还要注意规定动作的练习。为促进我国竞技体操运动的发展，我国的儿童少年竞技体操比赛、学校的竞技体操比赛及群众性竞技体操比赛中仍保留有规定动作。

1. 规定动作的内容与构成

(1)规定动作的目的、任务、内容、适用对象、比赛项目、评分依据等都由相关的职能部门确定。一般来说，规定动作可以是全部规定，也可以是部分规定。

(2)整套规定动作中的每个动作或联合动作都有相应的分值，动作做法，动作主要错误和扣分标准。

(3)如果是等级规定动作还应写明通级的分数标准、比赛级别、裁判人数和裁判级别要求。

(4)评分体系:按照现行国际体操评分规则进行评分,扣分标准也要按规则要求进行,最后得分为A分加B分。

2. 规定动作的评分因素

(1)裁判员按照既定的规则及自己对动作的理解,确定该动作是否符合规则,符合动作的顺序。

(2)按照文件所规定的评分体系和特点。

(3)在比赛中裁判员要集中精神,对运动员所做的动作或技术错误进行扣分。

3. 规定动作的评分方法

在规定动作中,如果动作的完成不符合规则要求,扣分方法如下。

(1)如果是一个、部分动作或连接未做,扣掉该动作、部分或段落的整个分值。

(2)对于多做的动作部分,一般按虚摆扣分标准处理。

(3)动作出现顺序错误,该序号动作按多做动作扣分,同时还要按漏做动作,扣除其分值。

(4)出现动作方向改变按规定处理。一般女子动作可以全套反方向做,也可以按要求部分反方向做,有些项目反方向做动作时,允许增加或减少一步。

(5)由于掉下(无论脱手与否)而中断的一套动作不能重复已完成过的部分,但可在30秒钟内继续做后面的动作，为了继续后面的动作，中断的那部分动作可以重做，但不计分。

（二）自选动作的评分

了解竞技体操的评分规则，对我们观赏竞技体操比赛有一定的帮助。下面讲述一下自选动作的评分规则及欣赏。

所有国际体联的正式比赛（世锦赛、奥运会、世界杯总决赛），单项裁判组由以下裁判组成。4 种比赛的要求是一致的。D 组裁判 2 名，D1 为单项裁判组负责人，在比赛时评定运动员的动作内容即难度价值，确定 D 分。E 组裁判 6 名。在比赛时对运动员完成动作的错误从 10 分开始，以 0.1 分为单位进行扣分。辅助裁判若干名，根据项目安排。2 名自由体操视线裁判、1 名跳马视线裁判、1 名自由体操或热身时间的计时裁判，另外各项目有记分员、跑分员、计算机操作员等辅助人员。

比赛中裁判组座位安排：D 组裁判一般在比赛器械前排成一列就坐，彼此间隔一定的距离。E 组裁判从 D 组裁判的左侧开始顺时针方向就坐在器械周围。

运动员的最后得分＝D 分＋E 分－其他违规扣分。

D 分是由 2 名裁判共同协商确定。D 分的内容包括：10 个难度动作的价值之和（最好的 9 个动作，加上下法）、连接分值（根据不同项目的特殊规定）、动作组别（动作类型）价值。

E 分是 E 组裁判的平均分。6 名裁判时，去掉最高和最低分，取 4 个中间分的平均分。4 名裁判时，去掉最高和最低分，取 2 个中间分的平均分。中间分的有效分差不能超出有关规定。

其他违规扣分指的是违反体育道德、时间规定和出界等。

（三）竞技体操比赛的欣赏内容

由于项目的特点、技术的发展和竞赛制度的改革，使得竞技体操更具观赏性，并深受广大观众的欢迎和喜爱。为了帮助人们更好地欣赏竞技体操比赛，下面主要阐述一下应该从竞技体操的哪几个方面进行欣赏。

1. 艺术性

竞技体操的英文全称是 Artistic Gymnastics，其含义是艺术的、美术的等。竞技体操的技术动作难度较大，同时又具有很高的艺术性，这是竞技体操的主要特点之一。竞技体操的艺术性主要体现在体操运动的动作美、服装美、音乐美、行为美、形体美等方面。在竞技体操比赛中，完美的技术动作主要表现在动作的姿势、造型、表情、幅度、力度等方面，完美的动作给人以艺术的享受。对于运动员缺乏艺术力的表现，裁判员均要对其进行扣分。

2. 惊险性

竞技体操中的很多项目技术动作较为复杂，不易掌握，在运动训练或比赛中常常伴随着意外状况发生，具有一定的危险性。在竞技体操比赛中，运动员要想取得比赛的胜利，所选用的动作必须要有一定的难度，这样才有可能获得高分。难度反映了运动员所选动作的物质价值。发展到现在，越来越多的高难度动作屡屡出现，并且各项高难动作之间直接连接，这直接提高了竞技体操比赛的惊险程度，使竞技体操比赛变得更加精彩。

3. 竞争性

竞技体操属于个人项目，在场上没有直接的身体接触和对抗，但这并不妨碍比赛的紧张激烈性，可以说竞技体操比赛仍然具有强烈的竞争性。在现代竞技体操比赛中，运动员的能力与水平正在逐步的缩小，胜负往往由于一个极其微小的动作就能决定。因此这就要求运动员在比赛中必须保持动作发挥的稳定性。因此，这就牵涉到运动员的心理素质问题，一名出色的竞技体操运动员还必须要具有良好的心理素质。因此，在平时的训练中，运动员还要加强心理能力训练。

4. 创新性

竞技体操比赛的动作有很多，其中一部分是根据第一次在国际竞技体操大赛中成功完成该动作的运动员的名字或运动员的国名命名，如托马斯、特卡切夫、李宁1、李宁2、程菲跳、俄式挺身转体等。这种以运动员命名方式出现的竞技体操动作是创新的结果。创新，既符合事物发展的规律，又是时代发展的要求。创新，是竞技体操的生命，是制胜的法宝。竞技体操的创新主要包括技术创新、动作创新、编排连接的创新等。竞技体操运动正是在不断地创新过程中得到发展。

5. 多样性

竞技体操项目众多,每个项目都有不同的动作组别,每个动作组别中又有众多的不同难度的动作,每一个动作又有一个编号。这充分体现出体操动作的多样性特点。竞技体操评分规则规定:“计算难度和连接加分时,不能重复同一动作(包括相同编号的动作)”。“重复动作(包括相同编号的动作)不能构成D分”。“重复可以允许,但是不能认可难度和加分,而且E裁判组要对其进行评分”。由于竞技体操某些项目的特殊性,允许有一定的重复动作,但对重复动作也有严格的限制。竞技体操成套动作内容的丰富多样,大大提高了竞技体操比赛的竞争性和观赏性。

6. 稳定性

稳定性是指运动员在比赛中是否能发挥出日常的训练水平。在竞技体操比赛中,技术动作发挥的稳定性和高难性决定着成绩的高低。因此,稳定性是运动员取得优异比赛成绩的基本保证。在体操比赛中,每一个动作和连接技术的稳定发挥都是至关重要的。尤其是落地的稳定性,越来越引起教练员、运动员的高度重视。在现代高水平的竞技体操比赛中,运动员稍有失误,就会与冠军失之交臂。因此,运动员选用的动作必须既难又美,然后再以一个稳定的落地结束,才会给裁判和观众留下深刻的印象。

(四)竞技体操各项目的欣赏

1. 自由体操

自由体操是男女共有的比赛项目。自由体操主要由技巧动作组成，它们与其他体操动作(如力量、平衡、柔软动作、倒立及舞蹈等)一起连接组合，构成一套韵律和谐、节奏协调的动作。

观赏自由体操的重点是技巧动作。要有各个方向的技巧动作，成串的技巧动作连接，与其他的体操动作和舞蹈等一起组合成韵律和谐、节奏协调的成套动作。竞技体操运动员在比赛中，展现出的动作难、高、飘、美等特点，能深深地感染观众。

2. 鞍马

鞍马是竞技体操男子比赛项目之一。鞍马属于典型的支撑项目。运动员仅靠手的支撑完成复杂的动作，运动员必须要具有较强的控制身体重心的能力才能顺利完成比赛，这充分表现出鞍马比赛的艰难和惊险。高水平的鞍马表演给人以轻盈、活泼、节奏明快、自然流畅、波浪起伏和立体化的感受。

3. 吊环

吊环是男子比赛项目之一。吊环属于支撑和悬垂的混合项目。主要的高难度动作集中在力量动作和静止动作(包括摆动至力量静止动作)上,在活动的支点上控制身体相当困难,力量是基础。运动员在比赛中,动作准确到位,造型优美、稳定。高难的动作与超凡的表演形成对比,使观众无不为之惊叹。力与美、动与静的高度结合,充分表现出男子的阳刚之美。

4. 跳马

跳马是男女共有的比赛项目。跳马与其他项目不同,跳马是单个动作的比赛。每个动作都根据其难度赋予相应的分值,运动员的结束动作要面向或背向马站立。在跳马的助跑、上板、踏跳、第一腾空、推手、第二腾空和落地的七个动作阶段中,E 裁判组对动作的撑手、第一腾空、第二腾空和落地的技术、姿态和稳定性进行评分。跳马比赛紧张激烈,运动员腾起在空中的瞬间,身体舒展,姿势优美,给人以美的享受。

5. 单杠

单杠是男子比赛项目之一。单杠的内容丰富,动作多样,均为动力性动作。一般来说,单杠练习的内容较为简单,主要以低杠练习为主。单杠的动作幅度大,旋转速度快。在单杠比赛中,运动员复杂的转体、连续的飞行动作,使人眼花缭乱,目不暇接,惊心动魄,这使得单杠项目具有高度的观赏性价值。

6. 双杠

双杠是男子比赛项目之一。双杠的动作结构多样,内容繁多，几乎涵盖了竞技体操中所有的动作类型。这些动作可以在杠中、杠端、杠内、杠外做，也可以在两杠或一杠上完成。运动员利用器械在不间断地摆动中完成移动、转体、空翻等动作，成套动作连贯、紧凑、流畅，节奏多变，极富观赏性，让观众看得如痴如醉。

7. 高低杠

高低杠是女子比赛项目之一。高低杠的动作类型与男子单杠基本相似，但由于器械的结构特点，增加了换杠动作。运动员通过不间断地摆动、回环、转体、空翻，在杠间来回穿梭，上下翻飞。同样具有男子单杠的惊险与精彩。

8. 平衡木

平衡木是女子比赛项目之一。平衡木支撑面积小，身体重心和支撑点在不断的发生变化，要求运动员具备较强的平衡控制能力，是女子比赛项目中最困难的项目。它可与自由体操媲美，惊险程度丝毫不逊色于单杠。

第二章　现代竞技体操的研究现状分析

竞技体操不仅历史悠久而且内容丰富，它的含义和内容随着时代的变迁而有所不同。作为竞技体育的重要组成部分，关注和推动现代竞技体操在我国的发展意义重大。本章重点对现代竞技体操的理论研究现状进行详细的分析。

第一节　竞技体操理论研究的概况

理论研究能为运动实践提供必要的指导，现阶段，针对竞技体操理论研究主要集中在基础理论、训练与技术、教练与裁判、医学、心理以及场地器材等方面，此外，创新研究也是竞技体操理论研究的重要组成部分。

一、竞技体操理论研究内容

距统计，在 1985 年到 2010 年间发表的关于竞技体操的 3 010 篇论文中，论文的研究方向和内容分别涉及到 9

个大的方面和19个小的方面(图2-1①)。

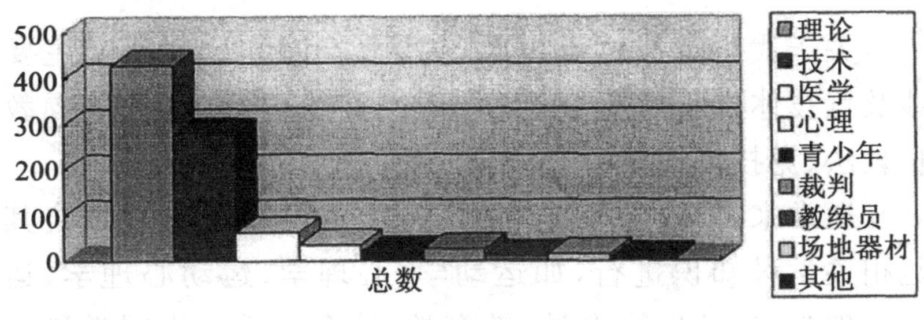

图 2-1

针对学术界对竞技体操研究的热点内容,重点分析如下。

(一)基础理论

在调查统计的所有关于竞技体操研究的论文中,竞技体操基础理论研究方面的论文数量是最多的,约占到所有论文总数的39.05%。竞技体操基础理论大多都围绕竞技体操的理论框架构建、竞技体操的发展史、竞技体操的分类、竞技体操的价值、竞技体操的现状及发展、竞技体操的优势及危机、竞技体操的后备人才等方面。

针对竞技体操基础理论方面的研究,对挖掘我国竞技体操的潜在价值、弘扬我国竞技体操文化具有非常重要的意义。

① 任静. 我国竞技体操方面学术论文的研究现状及展望. 太原理工大学,2012

（二）训练与技术

关于我国竞技体操训练与技术方面的论文研究主要涉及竞技体操训练计划、竞技体操训练内容、竞技体操教材教法、竞技体操教学考评等方面。

通常来讲，关于竞技体操训练与教学的研究多结合其他相关学科知识进行，如运动学、心理学、运动心理学、运动生理学、运动生物力学、教育学、社会学等。不同学科之间相互交叉、相互渗透，为我国现代竞技体操的教学与训练开辟了新的领域。这方面的理论研究能够帮助竞技体操教师或教练员以及运动员多视角、全方面的了解和认识运动员身心发展规律、竞技体操的训练规律、竞技体操技术动作构成与形成规律，有助于促进竞技体操训练与技术适应现代化竞技体育发展的需要，对现代竞技体操训练比赛有着重要的指导意义，能积极促进竞技体操的教学训练改革。

（三）教练与裁判

随着竞技体操的不断发展，竞技体操的比赛规则不断发生变化，因此，现阶段针对竞技体操动作编排与竞技体操音乐方面的研究正在不断增加。这在某种程度上也促使竞技体操的教练与裁判不断提高自身的素质，相关方面的论文也从各个角度对提高竞技体操教练员与裁判员的专业素质和业务水平提出了建设性的意见和建议。

(四)医学方面

长期以来,针对竞技体操医学方面的研究始终没有太大的进展,该方面的论文数量也没有太大的变化。

整理发现,从医学角度对竞技体操进行理论研究,主要涉及到生理学、生物化学、力学方面在现代竞技体操领域的研究,这方面的理论研究促进了当前许多具有现实意义的课题的开展,积极地推动了对我国竞技体操运动的科学化训练,具体表现在以下两个方面。

(1)为我国竞技体操技术诊断、技术改进、技术创新等提供了重要的理论指导。

(2)重视对竞技体操运动员运动损伤的相关研究,解决了竞技体操发展实践中发展难度技术与运动损伤二者之间的矛盾,既体现了对竞技体操运动员的人文关怀,又能为有效提高竞技体操运动员的训练水平提供有效指导。

(五)心理方面

目前,针对竞技体操心理方面的研究较少,这与我国运动心理学起步晚,水平低具有很大的关系。

实践证明,心理训练在竞技运动中具有非常重要的地位。因此,在竞技体操运动员的日常训练中加强运动员的心理训练具有十分重要的现实意义,重点在于使竞技体操运动员掌握正确的心理锻炼方法和心理放松方法,提高其在比赛过程中的自我心理调节能力,以便竞技体操运动员能在关键时刻迅速摆脱因各种心理问题而造成的心理压力,提高其比赛能力。

随着我国运动心理学的发展以及现代竞技体操比赛对运动员的心理素质要求越来越高,在心理方面的研究会逐步增多,竞技体操的心理研究日益成为研究热点。

(六)场地器材

场地器材是竞技体育的重要物质基础,对于竞技体操运动来说,场地器材是其高难度动作技术训练的先决条件和重要保证。

随着现代竞技体操的飞速发展,竞技体操的场地器械设备(训练器械、训练辅助器械、训练保护设备、比赛专用器械、测试类器械)也在不断发展和更新。

现代竞技体操中一系列难新动作的不断涌现,使得竞技体操运动员越来越重视训练过程中对场地器材的要求。在竞技体操训练实践中,为了加快难新动作的实现和保障竞技体操运动员的安全,竞技体操运动中的训练辅助类器械、防护设备、测试类器械不断改进和创新,针对该方面的理论研究也正在不断增多。

二、竞技体操理论研究群体

从现阶段我国竞技体操理论研究来看,针对竞技体操的论文以及学术著作中,主要的作者人群大致可以分为教练员和科研人员两个群体,他们是竞技体操理论研究的中流砥柱。

(一)教练员群体

竞技体操的教练员群体主要包括国家集训队的教练员、各省市专业队的教练员以及各省市基层业余体校的教练员。

竞技体操的教练员群体工作在竞技体操训练与比赛的第一线,是推动我国竞技体操运动发展的中坚力量,他们大多具有丰富的实践经验,在从事竞技体操研究方面具有很大的优势,能有效促进竞技体操运动员的选材和训练的发展。

(二)科研人员群体

竞技体操的科研人员群体包括有各级科研所人员以及高等院校的教师、硕士生、博士生。

竞技体操的科研人员群体研究的范围广泛,结构层次分明,方法多样,科学性较强、理论性突出,但因欠缺实践经验而表现出理论研究的实践指导性较弱等问题。

总的来说,在竞技体操理论研究群体中,科研人员以及高等院校的教师、硕士生、博士生的研究成果较多,而工作在竞技体操运动一线的教练员的研究成果较少。随着竞技体操的不断发展,竞技体操的动作将更难,技术更加复杂,因此,必须将竞技体操的科研与实践紧密结合起来,充分参考和总结竞技体操教练员大量的实践经验,促使教练员与科研人员或院校师生合作,共同为我国的竞技体操的可持续发展贡献力量。

三、竞技体操创新研究分析

创新是竞技体育的重要特征。在竞技体育的训练中创新无处不在,运动员的每一次夺冠和打破纪录都是教练员和运动员创新的结果。只有不断创新,才能促进运动员竞技水平的不断提高,才能促进竞技体育的不断发展。

我国竞技体操的创新研究经历了两个阶段,即被动研究阶段和主动研究阶段。20 世纪 70 年代中期以前,我国竞技体操主要是引进、消化、吸收和追赶世界先进技术,在此时期对竞技体操的创新研究处于被动研究的阶段。20 世纪 70 年代中期以后,随着国际体联恢复我国的合法地位以及我国竞技体操运动员参加国际比赛次数的增多,对竞技体操的创新研究开始进入主动研究阶段,主要研究内容包括动作技术、动作连接、训练方法等方面,并取得了一定的研究成果,在一定程度上促进了我国竞技体操的发展。

现阶段,根据相关统计资料显示,我国竞技体操的创新研究内容主要集中在六个方面(表 2-1)。

表 2-1 我国竞技体操创新研究主要内容分布

研究内容	文献篇数	百分比
创新基本理论研究	72	17.2%
难新动作设想、设计、实验	78	18.7%
难新动作分析与诊断研究	158	37.8%
难新动作连接与编排研究	36	8.6%
难新动作的训练方法研究	47	11.2%
器械设备创新研究	27	6.5%

我国竞技体操创新研究内容进行具体分析如下。

（一）创新基本理论研究

创新是竞技体操的生命，是运动员提高竞技水平的重要法宝，是竞技体操不断发展的力量源泉。我国对竞技体操基本理论研究是比较重视的，我国竞技体操的创新基本理论研究主要包括创新规律、创新原则、创新方法；基本技术与难新动作创新关系研究；创新思维研究、创新意识研究等方面（表2-2）①。

表2-2　竞技体操创新基本理论研究

研究内容	学者	文献名称	文献内容
创新原则、创新方法	陆恩淳	《男子体操技术的创新问题》	探讨了男子体操技术的创新问题，提出各个项目创新动作方法和遵循原则
创新方法	赵山成	《概述体操难度动作的十大发展法》	首次全面论述了竞技体操难度动作发展方法
创新意识、创新方法	薄云霄	《体操创新几个问题的探讨》	阐述了创新意识在体操创新中重要性，指出“创新意识如何，是创新发展提高的关键”；阐述了体操创新的方法（叠加，移植，逆向，增值，综合等）

① 吕万刚．竞技体操训练的科学化探索——竞技体操创新理论的研究．北京：北京体育大学出版社，2003

续表

研究内容	学者	文献名称	文献内容
创新发展规律	朱光辉	《男子竞技体操技术创新发展规律性特征研究》	通过分析、比较、归纳 1985—1993 年国际体操规则中 D、F 组动作在各项目的分布情况和创新方法，结合近年来世界体操比赛创新发展新动向，指出体操技术创新发展的连续性与阶段性特征

针对竞技体操的创新基本理论研究，不同学者在不同的研究方向上提出了自己的见解，他们对竞技体育的技术创新的方法模式进行了论述，同时，从一个侧面揭示了竞技体操技术发展的基本特征即新颖性、价值性、针对性和超前性。随着现代竞技体操技术的迅速发展，教练员、运动员和科研人员从训练和比赛实践中认识到：创新理论研究是竞技体操科学创新的基础，目前，这方面的研究正在不断加强。

（二）难新动作设想、设计、实验

竞技体操难新动作的设想、设计以及实验在竞技体操创新研究中占有非常重要地位，它一直以来都是广大教练员和运动员最为关注的问题，因此，也是现代竞技体操创新研究较活跃的方面。

规则是竞技体操的重要内容，对竞技体操的发展具有重要的影响和制约作用，针对难新动作设想、设计与实验研究大多数都是围绕着竞技体操的发展趋势和规则要求展开的,体现出了鲜明的时代特征。例如,20 世纪 80 年代初期和中期,单杠、跳马项目单臂动作十分流行,各国运动员创新了一大批由单臂完成的高难动作(单杠的单臂大回环转体系列动作;跳马的单臂完成的前手翻转体系列动作)。但随着竞技体操技术的发展以及规则对这类动作的限制,这类动作的创新越来越少。

我国对难新动作设想、设计与实验深入研究的具有代表性的学者及其研究成果主要有以下几个。

(1)张锡枝:《单杠单臂侧向分腿大回环动作设计与技术探讨》(《山东体育科技》),《单杠后摆振浪团身后空翻再握动作设计与技术研究》(《中国体育科技》)。

(2)刘昆久:《高低杠反吊大回环研究与实践》(《中国体育科技》)。

(3)孟宪雍:《对"向后空翻四周"可能性探讨》(《天津体育学院学报》)。

这些学者在结合竞技体操各项技术发展的逻辑脉络基础上,在对竞技体操新动作的设计方面充分发挥了想象力,并在理论上进行了初步论证,对竞技体操难新动作的设想、设计及实验提出了可操作性的理论指导。

(三)难新动作分析与诊断研究

竞技体操难新动作分析与诊断研究具体表现在对难新动作的力学分析与对难新动作的技术诊断两个方面。从事这两方面研究的主要研究群体为专职科研人员以及在校体操教师、硕士生和博士生。

首先,从研究方法来看,随着科学技术的不断发展,竞技体操相关研究仪器的先进性不断提高,这为提高竞技体操动作的技术诊断的反馈速度提供了有利条件。

其次,从研究对象来看,针对竞技体操难新动作的研究主要集中在对体操各个项目中难新动作和某一类高难动作的系列研究上,这为竞技体操动作技术的改进和发展提供了科学依据。

截止到目前为止,针对我国竞技体操难新动作分析与诊断研究的相关论文数量较多,约占到竞技体操创新研究类论文的37.8%,其中,具有代表性的学者及其科研成果具体参考表2-3。

表2-3　竞技体操难新动作分析与诊断研究

学者	科研成果	研究内容
孙亦光	《男子自由体操团身后空翻三周技术分析》	对动作技术进行了力学分析,对动作技术进一步完善提供了改进意见
吕万刚	《单杠屈体前空翻越杠再握动作技术特征及其发展新动作可能性的研究》	阐述了高难度创新动作技术的特征,提出了动作技术改进建议和继续发展高难动作的可能性
周力行、钱竞光	《单杠"特卡切夫腾越"动作的运动生物力学分析》	探讨了单杠"特卡切夫腾越"动作的技术特征、顺利连接下一个高难动作的技术条件及发展新动作的可能性
邵斌等	《黄力平等优秀运动员跳马"踺子上板转体180°前手翻屈体前空翻"技术的运动学三维研究》	揭示了该动作技术的运动学三维特征,找出了影响该动作技术的主要因素,为促进该动作技术的进一步完善提供了重要参考依据

续表

学者	科研成果	研究内容
李佐惠	《梁琼高低杠反吊屈体分腿前空翻450°越杠再握的运动学分析》	分析了动作各技术阶段的运动学参数。指出跟肩速度不快，导致再握杠时肩角、髋角过小，身体重心离杠轴太近，是影响该动作的主要问题

(四)难新动作连接与编排研究

随着现代竞技体操评分规则的加分因素由原来“三性加分”改为“难新动作及连接的直接加分”，同时，和以往相比，竞技体操的加分分值不断提高，因此，近年来，对竞技体操难新动作的连接以及成套竞技体操动作编排的研究逐渐增多。

对竞技体操技术难度动作之间的连接研究，主要表现在成套动作的编排创新之中，也就是说，现代竞技体操更侧重于通过减少运动员完成高难度动作的预备动作或者难新动作的直接连接来增加竞技体操动作的难度价值。

当前，对竞技体操难新动作连接与编排的研究主要表现为以下四种形式。

1. 对某个项目两个难新动作连接的研究

研究重点主要体现在同一个体操项目中两个难新动作之间的连接方面。

代表学者及研究成果有：赵跃珍的《女子平衡木上法D＋D难度连接创新研究》、张云贵的《高低杠D＋D＋D难新连接》、陈在宽的《双杠后空翻二周挂臂前摆上技术改进与后摆连接创新探讨》等。

2. 对某类高难动作连接技术的系列研究

研究重点主要体现在单个动作的创新和动作的连接创新两个方面，侧重于将创新动作发展成为创新连接，并通过连接不同的难度动作来提高动作的整体难度价值。

代表学者及研究成果有：王栋良的《浅谈快速后空翻连接动作的发展》；董汉英的《前手翻技术大有可为》；刘昆久的《高低杠训练思维与反吊系列技术》；黄新河的《目前世界高低杠技术的发展趋向和中国高低杠技术的发展道路》等。

3. 对高难动作连接理论的研究

研究重点主要体现在揭示了竞技体操不同高难动作之间连接的基本规律，对不同项目难度动作连接形式进行了探索，提出了动作连接的可能性。

代表学者及研究成果有：邓世祥的《后手翻转体 180°与高难动作的连接技术原理研究》；祝雄等的《男子竞技体操难度动作的连接初探》等。

4. 对成套动作设计编排的研究

研究重点主要体现在竞技体操成套动作的设计创新和编排创新两个方面。

代表学者及研究成果有：胡建国的《双杠自选动作内容与编排研究》；李玉燕的《目前双杠技术编排的二点创新》；张云贵和熊景斌的《陆莉高低杠 D+D+D 高难连接

及其全套创编》等。

(五)难新动作的训练方法研究

关于竞技体操难新动作训练方法方面的研究成果约占竞技体操创新研究成果的十分之一,随着现代竞技体操的不断发展,竞技体操比赛对运动员的身体素质和心理素质的要求越来越高,竞技体操运动员的科学化训练不断得到重视,因此,竞技体操难新动作训练方法研究将越来越受到教练员和科研人员的重视。

在竞技体操运动实践中,运动员的每一个创新动作的成功实现都有其相对应的科学的、独特的训练方法。因此,针对竞技体操难新动作训练方法的研究有着重要的现实指导意义。

调查发现,学术界主要是通过对竞技体操难新动作及动作连接的技术进行分析,来完成对竞技体操难新动作训练方法研究的(如吴国年的《吊环屈体后翻上二周上悬垂前摆接团身后空翻二周悬垂前摆技术特点及训练方法》、夏端阳的《平衡木前手翻接直体前空翻的设计与训练》),研究主要集中在两个方面,一方面是对竞技体操运动员完成难新动作的方法、手段的研究;另一方面是对竞技体操难新动作的连接过程中的方法、手段的研究。通过这两方面的研究,为竞技体操难新动作及连接的完成提供了有效的新的训练方法。

(六)器械设备创新研究

竞技体操的器械设备主要包括训练类器械设备、辅助类器械设备、保护与帮助类器械设备等，针对该方面的研究文献，占查阅到的有关竞技体操创新研究文献总数的6.5%，主要集中在训练辅助的研究方面。例如，海绵坑的出现，自由体操场地弹性增加，单杠杠面弹性的改进，跳马跳板高度和弹性的增加等，都是对竞技体操器械设备创新研究的成果。

事实证明，针对竞技体操器械设备的创新研究极大地推动了竞技体操技术发展，为竞技体操运动员技术水平的提高，竞技体操运动员的安全保护起了积极而有效的作用。

总之，对竞技体操创新的研究已经得到相关学者和教练员的重视，但体操创新过程是一个复杂的、不断学习的、对技术不断选择的过程，目前，真正对竞技体操创新系统的深入研究还未涉及。为了保证竞技体操创新研究的顺利进行，必须建立一套完整的竞技体操创新理论体系，并以此为理论指导，推动竞技体操的不断发展。

第二节　竞技体操理论研究中存在的问题及分析

我国竞技体操理论研究群体主要集中在科研人员和在校师生中，而随着现代竞技体操训练的科学化程度不断提高和现代竞技体操比赛的日益激烈化，当前竞技体操的理论研究及其应用存在着一些突出的问题，需要认真分析和对待。

一、热点研究深度不够

当前，针对竞技体操的研究主要集中在动作创新方面，尤其是集中于某一个项目中的单个动作创新以及难度动作的连接方面，总的来看，对竞技体操的理论研究并没有突出创新，没有把竞技体操创新作为一种体系进行系统的研究。

在竞技体操运动比赛中，竞技体操运动员的运动成绩和技战术水平受多种因素的影响，除了技战术水平外，还受心理因素、环境因素、参赛理论等因素的影响，而这些因素并没有被纳入竞技体操的理论研究中去，研究内容依然比较传统，很少有针对新颖的、热点问题的研究（如技术创新、动作和连接上的创新、提高动作质量等），研究缺乏深度。

二、整体研究缺少突破

就目前我国竞技体操的理论研究来看，在选材研究、训练研究、竞赛研究方面有局部的比较优秀的研究成果，但就竞技体操的整体研究来看，突破较少。①

我国发展竞技体操的主要目的是培养优秀的体操运动员，以实现奥运争光计划，因此，相关学者对竞技体操的

---

① 郑春梅．竞技体操科学研究的进展与未来．山西大学学报，2007，30(11)

研究多集中于选材、训练和竞赛方面，这三方面的研究呈现出一种独立的研究状态，彼此之间缺乏整体性的联系，没有突出互为一体的基本特征，更没有从系统论的角度去研究这三者之间的关系，没有把竞技体操的选材、训练和竞赛看作是一个有机统一的整体。

对于任何体育项目而言，都必须遵循运动训练的一般规律，即选材是基础、训练是核心、比赛取胜是关键，竞技体操也不例外。① 如果研究者在竞技体操的理论研究中，能把选材、训练和竞赛作为一个有机的统一体进行研究，就必然能为竞技体操的整体发展提供有效的理论指导，从而促进竞技体操运动的整体发展。

三、对策研究缺乏力度

随着国际间竞技体操运动竞争的日益加剧，在新的形势下，如何保持和创造竞技体操优异的比赛成绩是现阶段我国竞技体操运动面临的主要问题。

许多学者指出，面对严峻的竞争形势，应该重点提高我国女子自由体操和跳马项目，但具体的对策研究较少。针对我国女子竞技体操运动落后的局面，对策是关键，但当前的相关对策的提出难以让人信服，缺乏力度。

纵观我国竞技体操的科研状况以及现代竞技体操的发展状况，全面推动我国竞技体操的发展应重点突出以下

---

① 任静．我国竞技体操方面学术论文的研究现状及展望．太原理工大学，2012

工作重点。

(1)重视科学选材研究。针对以往我国竞技体操运动员出现的突出问题,应从基因学、遗传学和选材学的角度出发,贯彻落实科学选材。

(2)关注系统训练研究。训练是运动员获得优异比赛成绩的重要基础,因此,必须重视训练的科学化以及系统性,打破传统的"练的多,比的少,运动员比赛心理素质差"的训练体制,真正探索出一条适合我国竞技体操运动员训练的路子。

(3)加强参赛理论研究。在竞技体操运动实践中,教练员应该有意识地提高运动员的参赛意识,这就需要教练员和相关学者加强对竞技体操参赛理论的研究。具体来说,应做到将这种先进的参赛意识充分应用到竞技体操训练和比赛的各个环节之中,即赛前准备—参赛指导—参赛表现—赛程控制—参赛评价,真正促进竞技体操运动员竞技能力的提高。

四、发展态势研究单一

规则是竞技体育发展的指南针,我国竞技体操运动的发展必须符合国际竞技体操的规则进行。现阶段,利用竞技体操的既定规则探讨世界竞技体操的发展态势、发展特征,具有非常重要的理论和现实意义。

目前,学术界对我国竞技体操的发展态势的研究较为单一,在中外竞技体操对比研究、竞技体操发展特征研究、竞技体操发展格局研究方面缺乏指导性的意见和建议。

具体表现如下。

首先，在我国竞技体操理论研究中，针对上述几个方面的论述过于单一，基本贯彻团体比赛发展格局—个人全能比赛发展格局—个人单项决赛发展格局一条主线，很少有新的研究视角出现。

其次，研究内容千篇一律，标新立异者少。对世界竞技体操的发展态势往往含糊其辞，只强调通过增加难度动作提高我国竞技体操的水平。而和世界竞技体操相比，我国竞技体操处于第几集团、哪方面需要改进和提高、哪个项目具有夺冠实力尚不明朗；就全世界竞技体操的发展态势而言，哪些国家的竞技体操水平处于上升趋势、哪些国家的竞技体操水平处于下降趋势，对此我们的努力方向是什么，研究者并没有提出真正切实可行的、有助于提高我国竞技体操运动水平的具体办法。

五、产业化、市场化研究滞后

竞技体操运动属于难美类项群，竞技体操的动作优美且富有惊险性，具有很高的欣赏价值，拥有良好的观众市场，具有能形成良好的产业化市场的条件。但我国竞技体操理论研究中很少涉及有关竞技体操的产业化、市场化方面的研究，这方面的研究仍然是竞技体操研究的盲区。

从全世界范围来看，世界体操强国都非常重视对体操“市场”进行拓展。一些国家通过大力开展基础体操，以健身俱乐部和大众娱乐体操为基础发展本国的体操事业；还有一些国家通过对竞技体操进行改革，鼓励赞助商赞助体操比赛，提升比赛的趣味性、增加比赛的关注度，使大众接受和了解体操。相比之下，我国在竞技体操的市场化操作中还处于初级阶段，究其原因，一方面是缺乏竞技体操产业化、市场化的研究；另一方面是缺乏相关方面的政策支持。我国竞技体操的产业化、市场化进程还需要很长的一段路要走。

第三章 现代竞技体操创新的基本理论

创新对竞技体育具有重要的意义，尤其是对竞技体操而言，创新不仅是其适应现代竞技体育快速发展的需要，同时也是其实现突破和自身发展的需要。现代竞技体操创新的基本理论对竞技体操的科学化训练具有现实的指导意义，本章主要涉及现代竞技体操创新的概念、分类，以及现代竞技体操创新的必要性分析、理论基础和系统模式构建等几个方面。

第一节 现代竞技体操创新的概念及分类

为了能够对现代竞技体操创新基本理论有更为系统和深入的研究，本节主要从竞技体操创新的概念和分类展开详细分析，从而使训练者能够更好地了解现代竞技体操创新理论。

一、现代竞技体操创新的概念

（一）“创新”的概念

对于现代竞技体操而言，创新是其获得不断发展的动力。目前关于“创新”的研究涉及范围较广，且正朝着更为深入的方向发展。“创新”一词起源于拉丁语，其含义是指更新、制造新的东西或改变。关于创新的概念，商务出版社出版的《汉语新词新语词典》解释如下：创新是指创造新的、创造革新；语文出版社出版的《新词新语词典》解释如下：创新是指创造新成绩、新产品、新纪录等。从社会学的角度分析，创新是指为了满足发展的需要，人们通过对已知信息的运用，并不断打破常规，发现或产生新颖的、独特的具有社会价值或个人价值的新的事物或思想的活动。从经济学的角度分析，创新是指根据已有的知识和物质，在特定的环境中，改进或创造新的事物（包括但不限于各种方法、元素、路径、环境等），并能够取得一定有益效果的行为。

随着新技术的不断发展和人们对创新研究范畴的不断扩大和深入，创新一词被赋予越来越多的新的概念。20世纪初，美国哈佛大学教授约瑟夫·熊彼特从经济学角度提出的关于创新理论的五种含义。20世纪60年代，美国经济学家华尔特·罗斯托又提出了“起飞”六阶段理论，“技术创新”成为“创新”的新概念，“技术创新”占据了“创新”一词的主导地位。

根据研究表明，“创新”一词常被运用于以下范畴。创造性的开发过程是创新的第一种定义；采用新事物的过程是创新的第二种定义；新事物本身（被发明且被认为是新的）是创新的第三种定义。“创新”一词的前两种定义将创新视为过程，其第三种定义则将创新视为过程的结果。

上述关于“创新”的三个范畴的定义具有十分密切的关系。创新的第一种定义是从开发者的角度出发的，其强调的是开发过程中各阶段与开发部分的特征；创新的第二种定义是从接受者的角度出发的；创新的第三种定义是从使用者的角度出发的，其强调的是新事物本身。

（二）现代竞技体操创新的概念

创新是现代竞技体操发展的需要，也是其主要特征之一。关于现代竞技体操创新的概念，比较具有代表性的是马启伟、陈小蓉在其论著《竞技体育创新原理》中作出的如下解释：“竞技体育创新是指创新主体在特定的运动领域中，对创新客体在现有的运动理论与技术实践的基础上所进行的发明或改造，且实现一定社会价值的创造性活动。”①

将现代竞技体操创新的概念与上述经济范畴内创新的定义相比，现代竞技体育创新的概念仅属于其第三种定义，其突出了创新在竞技体育整个创造性活动过程中是结果，而非过程。导致这种只重视结果的主要原因是竞技体操创新是首次和唯一的。从上述现代竞技体操创新的定义来看，在现代竞技体育创新中占较大比重的移植创新并不包含在该定义中，因此其定义还不够准确。移植创新包

---

① 马启伟，陈小蓉．竞技体育创新原理．北京：北京体育大学出版社，1994

括竞技体育各项目之间的相互移植和将其他领域的理论和技术移植到竞技体操中。在竞技体操运动中，移植创新还表现为各单项之间的相互移植创新。

综上所述，我们可以将现代竞技体操创新的概念总结如下：现代竞技体操是指在从事现代竞技体操运动训练、研究和管理的过程中，教练员、运动员和研究员等对创新客体在现有的竞技体操运动理论与训练实践基础上所进行的发明、改造或引进新事物，并能促进竞技体操运动发展和运动员技术水平不断提高的活动过程。①

表 3-1 不同学者对竞技体操创新的定义所包含因素

马启伟、陈小蓉对竞技体操创新的定义所包含的几大要素	吕万刚对竞技体操创新概念的定义所包含的几大要素
①定义对象局限于竞技体育范畴内； ②创新活动是在现有运动原理与技术实践的基础上进行的； ③创新是以发明或改造为主要特征的创造性活动； ④创新成果具有一定的社会实践意义。	①定义对象局限于竞技体操范畴内； ②创新活动建立在现有体操运动理论与训练实践基础之上； ③创新活动包括发明、改造和引进新事物(即引进新理论、技术、方法等)； ④创新成果必须能促进竞技体操运动的发展和运动员技术水平的不断提高。

① 吕万刚．论竞技体操创新的概念与分类．体育成人教育学刊，2003，19(2)

二、现代竞技体操创新的分类

(一)现代竞技体操创新分类的主要形式

对现代竞技体操创新进行分类的主要目的是通过对现代竞技体操创新的特征和规律的合理把握,为其创新实践服务。对现代竞技体操创新的分类应建立在一定的客观原则的基础之上,并依据创新活动本身的不同特征、属性或关系,将创新进行区分归类。从有关现代竞技体操的参考文献来看,根据研究的目的、任务以及需要对创新进行分类是多数研究者的共同点。从目前来看,现代竞技体操创新分类的形式主要有以下几种。

表 3-2 现代竞技体操创新分类的几种形式

根据创新主体在创新过程中所处的地位进行分类	根据某一领域内创新成果进入的先后顺序进行分类	根据创新成果的性质进行分类	根据创新活动过程中创新行为主体意识活动的形成进行分类
主要分为主动创新和被动创新两种。前者表现为“我要创新”;后者表现为“要我创新”。主动创新能够不断建立和发展竞争优势,	主要分为率先创新和模仿创新两种。前者是指创新主体依靠自身的努力和探索而进行的创新;后者是指创新主体以率先创新者	主要分为独创型创新和渐进型创新两种。前者是指在特定的领域中所进行的从无到有的开拓,并使其具有区别于同类事物的独特结构和功能的创新性活动;后者是指根据	主要分为无意识创新和有意识创新两种。前者是指创新主体在运动实践中,通过偶然信息的触发而有所创新的类型,是被动的,即创新主体从事创新活动前,并没有

续表

使自己永远处于不败之地，因此我们大力提倡主动创新。被动创新是一种在激烈竞争的压力之下，为了自己的生存不得已而进行的创新。	的创新思路和创新行为为榜样，并以其创新成果为示范，跟随率先创新者的足迹，充分吸取率先创新成功的经验和失败的教训，吸收和掌握率先创新的成果，并在此基础上对率先创新成果进行改进和完善，进一步开发出具有竞争力的技术和成果，参与竞争的一种渐进性创新活动。 率先创新的创新成果在这一领域从未出现过，具有独创性；模仿创新在竞技体操创新中表现得尤为突出，占主导地位。	训练和比赛的需要，在原有事物的原理及结构的基础上进行的局部改进，来达到创新的创造性活动。 独创型创新的创新对象发生根本改变，即技术原理发生质变，具有突破性质。独创型创新具有创新水平高、难度大、发生频次较低、成果价值大等特点，大多能成为先导技术，开辟一个新领域。 渐进型创新的创新对象发生部分改变，是在不突破原有原理的条件下的革新和改进。 渐进型创新具有创新水平低、难度小、发生范围广泛、发生频次较高等特点。它不仅包括局部完善革新，还包括移植推广，多项组合等各种形式。	明确的创新意图和分项，而是受到某种偶然信息的启示，诱发灵感，新的创新设想突然而至，经过方向捕捉后，完成创新活动的；后者是指创新主体根据特定的实践需要，针对特定的问题所进行有目的、有计划、有预见性的创造性活动，是主动型的，即创新主体在全面研究分析的基础上，确定出创新的方向和目标，然后经过提出设想方案、实验、改进完善过程，完成创新活动的。 竞技体操高难动作创新大多都是有意识创新，通过设计、实验、改进完善到应用比赛逐步完成的。

对于竞技体操运动员而言，动作技术对其运动成绩有着至关重要的影响，而技术的创新在竞技体操创新中占主导地位，其他方面的均是为竞技体操技术创新服务的。根据现代竞技体操创新矛盾的主次关系，可以将其分为技术创新和技术支持创新两种。在现代竞技体操创新中，技术创新又可以分为基础动作技术创新、高难动作技术创新和连接技术创新三种。

（二）现代竞技体操创新的分类

从上述现代竞技体操创新分类的几种主要形式来看，现代竞技体操创新依据不同的分类标准可划分为不同的类型。针对相同的问题，不同的研究者往往会从不同的角度进行分析和研究，因此也会出现不同的划分标准。通过上述对现代竞技体操创新分类的主要形式的分析，再结合现代竞技体操创新矛盾的主要方面和次要方面，以及不同的创新对象和技术训练的影响因素进行二级分类，现代竞技体操创新可划分为以下几类，具体内容可参考图 3-1 所示。

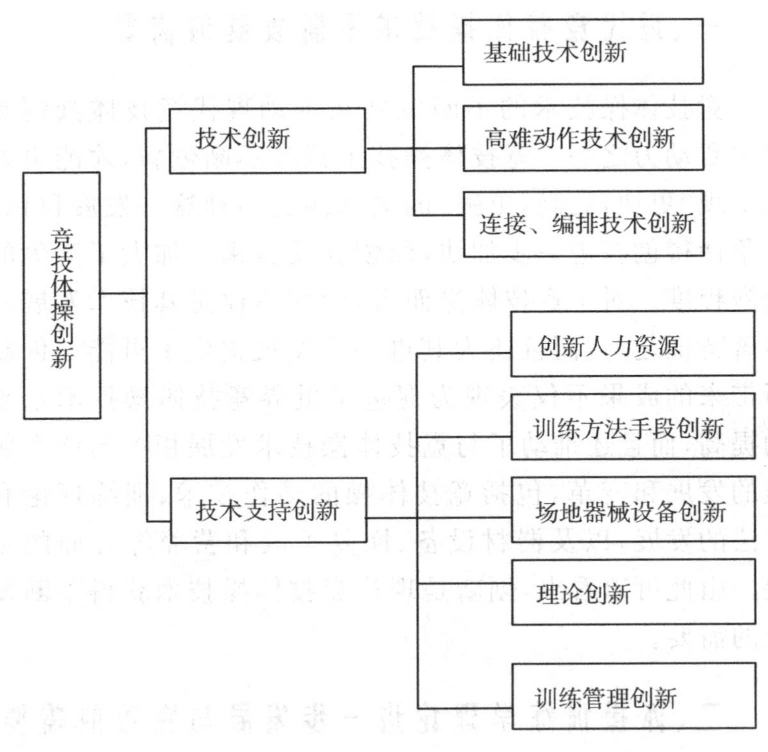

图 3-1

第二节　现代竞技体操创新的必要性分析

创新是现代竞技体操适应市场发展的需要，是体操训练学理论不断发展和进一步完善的需要，是我国“奥运争光计划”的需要，也是竞技体操创新活动实现科学化的需要。

一、现代竞技体操技术不断发展的需要

竞技体操技术的不断发展是推动现代竞技体操创新的主要动力之一。竞技体操技术只有不断创新,才能更好地实现“更快,更高,更强”的奥林匹克精神这一发展目标。竞争使得创新进一步加快,而创新反过来又加大了竞争的激烈程度。对于竞技体操而言,创新不仅是其技术发展的显著特征之一,而且还为其进一步发展提供了可能。创新所带来的成果不仅表现为促进了世界竞技体操技术水平的提高,而且还推动了与竞技体操技术发展相关的所有领域的发展和变革,包括竞技体操的动作技术、训练理论和方法的发展,以及器材设备、恢复手段和营养等方面的发展。由此可以看出,创新是现代竞技体操技术获得不断发展的需要。

二、体操训练学理论进一步发展与完善的需要

对于体操训练学而言,现代竞技体操创新也是其理论获得进一步发展与完善的需要。现代竞技体操训练不断引入新的理论、技术和方法,这对现代竞技体操的快速发展起到了重要的推动作用。在现代竞技体操的创新过程中,各学科理论知识、技术和方法被运用于创新实践,使得现代竞技体操训练学理论获得进一步的丰富和完善。因此可以说,现代竞技体操创新对于发展和补充竞技体操训练学以及竞技体操独立创新体系的建立都具有十分重要

的意义。

三、实现我国“奥运争光计划”的需要

现代竞技体操创新也是我国“奥运争光计划”的需要。创新不仅是竞技体操运动员取得比赛胜利的关键因素,也是促进现代竞技体操技术发展的重要推动力。对于各国竞技体操运动员而言,创新是其在奥运会、世界体操锦标赛、世界杯上夺得奖牌的重要竞争手段。近年来,我国竞技体操运动员在国际比赛中的表现尤为出色,一些运动员的标志性创新动作还获得国际体操联合会的正式命名。较具典型的有以下几项:李宁的吊环被称为“李宁正吊”;童非的鞍马被称为“童非移位”;肖瑞智的单杠被称为“肖瑞智空翻”;杨波的平衡木被称为“杨波跳”;李莉的“李莉背转”和高低杠“李莉正吊”等。这些在竞技体操动作方面的创新,不仅促进了我国竞技体操技术水平的进一步提高,而且也推动了世界竞技体操的不断发展,使得我国在世界体操舞台上占据越来越重要的地位。对现代竞技体操的不断创新,可以参考已经取得的竞技体操创新成果,也可以从创新的经验中探索竞技体操创新的规律和方法,并通过吸收新的技术、方法和理论来推动现代竞技体操向前发展。

四、现代竞技体操创新活动实现科学化发展的需要

对于现代竞技体操创新活动而言,创新也是其实现科

学化发展的需要。就现代竞技体操创新活动本身而言,其涉及竞技体操运动训练中的多种因素,活动过程十分复杂。为了更好地提高创新活动的有效性,提高其成功率,就需要针对影响现代竞技体操创新活动的各种因素展开系统的研究,以保证现代竞技体操创新活动能够科学、有序地开展。

第三节　现代竞技体操创新的理论基础

我国的竞技体操项目在国际上占有一定的优势,它因此也成为我国竞技体育争取奥运金牌的重要比赛项目(表3-3)。创新对于我国竞技体操在竞争越来越激烈的趋势下获得不断发展,并获得比赛胜利起着尤为重要的作用。发展和提高竞技体操运动员的竞技能力是现代竞技体操创新的主要目的,而运动员在比赛中所获得的更高得分则是现代竞技体操创新的主要表现形式。就现代竞技体操创新活动本身而言,提高和发展竞技体操运动员的竞技能力是其中心,而其他一切活动都是围绕这一中心开展的。因此,现代竞技体操创新系统的构建应建立在对以下两种因素全面分析的基础之上:其一,竞技体操运动员竞技能力的决定性影响因素;其二,竞技体操运动员训练和比赛成绩影响因素。现代竞技体操创新系统的构建对于深入系统地开展现代竞技体操创新理论研究以及系统的竞技体操创新理论具有十分重要的现实意义。

表 3-3 我国竞技体操项目在历届奥运会上所获金牌统计表

届数	所获金牌总数	竞技体操所获金牌数
23	15	5
24	8	1
25	16	2
26	16	2
27	28	3
28	32	1
29	51	9
30	38	4

一、现代竞技体操运动员竞技能力高低的决定性影响因素

对于现代竞技体操运动员而言，技术因素是影响其竞技能力的决定性因素。作为全能竞赛项目，竞技体操包含了多种类型的技术动作。同时，竞技体操也是一名运动员根据体操规则要求完成成套动作，裁判员对其所完成成套动作的情况作出相应评分并决定出比赛胜负的运动项目。在现代竞技体操比赛中，裁判评分的主要依据主要包括以下几项：运动员所完成技术动作的类型、难度、情况以及该成套动作所具有的加分因素。在竞技体操比赛中，继续突出动作的难度价值是优秀竞技体操运动员竞技能力结构特点的主要体现。

在现代竞技体操训练中，运动员都需要遵循竞技体操规则进行训练，竞技体操规则对运动员开展竞技体操训练具有重要的规范和导向作用。竞技体操规则的变化会对竞技体操技术的发展产生直接的影响（见表 3-4）；反过来，竞技体操技术的发展则会进一步提高竞技体操运动员的竞技能力。而竞技体操运动员在比赛中所获得的得分则会直接表现出其竞技能力。从竞技体操评分规则和评分因素可以看出，在完成技术动作较好的情况下，竞技体操运动员竞技能力的高低会通过难度分直接表现出来，获得高难度分是运动员获得比赛高分的关键。其中，竞技体操运动员对难新动作和连接动作的完成情况则直接决定其难度分的高低。

表 3-4 历次评分规则中评分因素变化

时间	评分因素				
1989 年	难度	编排	完成情况	基本分	加分
	4.0	1.0	4.4	9.4	0.6
1993 年	难度	编排	完成情况	基本分	加分
	2.4	1.2	5.4	9.0	1.0
1997 年	难度	编排	完成情况	基本分	加分
	2.4	1.2	5.0	8.6	1.4
2001 年	难度	编排	完成情况	基本分	加分
	2.8	1.0	5.0	8.8	1.2

竞技体操运动员所获得的难度分与其单项成绩有十分密切的关系（表 3-5），这可以通过钟宝明的《影响我国优

秀男子体操选手单项成绩因素浅析》一文中看出来。

表 3-5　八运会优秀男选手单项成绩与
起评分相关系数表(N=30)

	成绩（平均分）	起评分（平均分）	相关系数	相关程度	相关检验
长沙预赛	9.372	9.807	0.805	高	<0.001
上海决赛	9.605	9.966	0.621	中	<0.001

在以往的竞技体操比赛中，运动员所获得的起评分对其运动成绩具有十分显著的影响，也直接反映出了竞技体操运动员的竞技能力的高低。而运动员所获得的起评分则是由其完成的成套动作的基本分和加分共同构成的。

通常情况下，参加竞技体操比赛的运动员都能够达到竞技体操规则的要求，其完成的成套动作都能够超过 8.6 分的基本分，竞技体操运动员拉开差距的主要方面是加分部分。事实上，竞技体操运动员争取比赛胜利的关键是“加分”。为了增加在比赛中的竞争优势，夺得比赛冠军，竞技体操运动员在训练往往会通过提高动作难度、获得加分的方式来提高其完成成套动作的起评分，这也成为教练员和科研工作人员共同追求的目标。

随着国际竞技体操评分规则的不断变化，成套动作的基本分也由原来的 9.4 分下降到 8.8 分，加分部分也由原来的 0.6 分增至 1.2 分，加分也逐渐变为难新动作和连接的直接加分。竞技体操规则的变化使得连接创新的难度增加，也使难新动作的分值也有所提高。因此，竞技体操运动员只有通过对难度动作和连接进行不断创新这一方式来不断提高动作难度的加分才是夺取比赛胜利的王道。从雅典奥运会结束后的 2006 年体操世界锦标赛开始采用新的评分规则，由难度分和完成分相加得出总分，就更加体现了在这一项目中，难度的重要地位。

综上所述，竞技体操创新的核心是竞技体操的技术不断创新，竞技体操运动员的竞技能力则决定于技术因素，而这也是竞技体操创新系统的建立的重要理论基础。

二、现代竞技体操运动员技术训练效果的影响因素

现代竞技体操训练过程是一个较为复杂的动态系统，其包含了多个层次、多种因素。就现代竞技体操训练而言，提高竞技体操运动员的竞技能力是其主要目的。而竞技体操运动员的技术训练效果受多种因素的影响，其主要包括运动员的自身情况、教练员、训练的手段和方法、训练计划、场地器材、竞技体操规则以及信息等。

针对影响现代竞技体操运动员技术训练效果各因素的重要性，有学者进行了专题问卷调查，并将各因素的重要程度分为不重要、不太重要、一般、重要、非常重要五个级别，并分别用 1、2、3、4、5 进行计算。不同的调查对象分别根据自身的情况对影响现代竞技体操技术训练效果的因素进行自由选择，并根据对各因素不同重要程度的选择频数与各自代表的数字的乘积，来计算每个影响因素的总分，具体结果可参考表 3-6、表 3-7 和图 3-2（现代竞技体操

运动员技术训练效果各影响因素的重要程度总分条形图）所示。最后，再根据各影响因素总分的多少进行排序。

表 3-6 现代竞技体操运动员技术训练效果各影响因素重要程度选项频数表(人次)

因素	不重要	不太重要	一般	重要	非常重要
运动员	0	0	1	33	30
教练员	0	0	0	10	54
训练的手段和方法	0	0	2	18	44
训练计划	0	0	16	26	22
场地器材	0	8	12	28	16
规则	0	4	10	28	22
信息	0	4	12	26	22

表 3-7 现代竞技体操运动员技术训练效果各影响因素的重要程度总分值表

因素	总分
运动员	285
教练员	310
训练的手段和方法	298
训练计划	262
场地器材	240
规则	252
信息	262

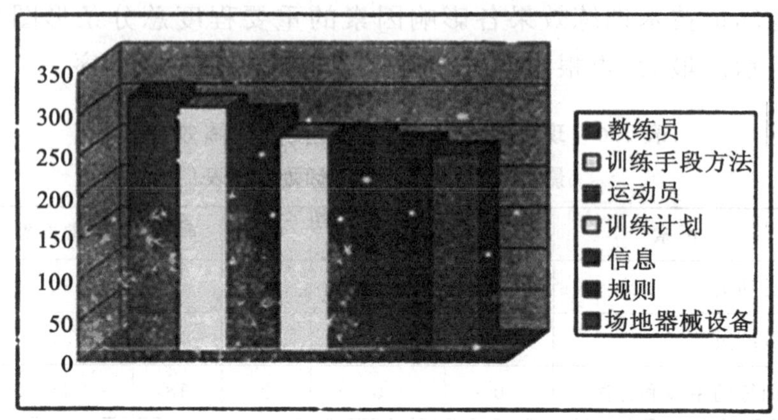

图 3-2

从上述表 3-6、表 3-7 和图 3-2 可以看出，现代竞技体操运动员技术训练效果的主要影响因素有运动员、教练员、训练的手段和方法、训练计划、竞技体操竞赛规则、场地器材以及信息等。其中，运动员、教练员、训练的手段和方法是最主要的影响因素。

在现代竞技体操训练中，运动员的训练计划需要教练员根据运动员的具体情况以及以上各影响因素进行合理组合进行制定，从而为共同的目标发挥各自的最大作用。

就竞技体操运动员而言，作为运动能力和竞技状态的唯一载体和运动成绩的最终体现者，其身体条件、技术水平、知识结构等都是影响其竞技能力提高的重要因素。在训练时，竞技体操运动员应根据自身情况发挥自身的积极主动性进行训练。

就教练员而言,作为竞技体操训练计划的策划者与执行者,其在训练中起着主导作用,教练员的知识结构、能力和训练经验对运动员竞技能力的提高有着至关重要的影响。在现代竞技体操训练中,教练员的知识面、科学理论水平以及科技应用能力都会影响其对体育科技成果的引进、消化、传播、应用和创新,进而会影响运动员成绩的提高。在训练中,教练员只有不断创新,才能不断挖掘运动员潜力和体操技术发展规律,才能在竞争激烈的比赛中取得胜利。

运动员在竞技体操训练过程中所采取的训练方法和手段也是影响其技术训练效果的重要因素之一。训练的实施建立在明确的目标和合理计划的基础之上。随着现代竞技体操技术的不断发展,竞技体操在训练方法、训练手段等方面也获得不断改革和创新。我国竞技体操要想获得不断发展,只有通过不断探索新的训练方法和训练手段,才能实现发展的目标,并在竞争激烈的环境中生存下来。

在竞技体操整个训练过程中,训练计划是重要的组成部分,对体操训练预先作出的理论设计。竞技体操训练计划是对竞技体操运动员由现实状态朝目标状态转移与发展的控制过程的描述。竞技体操运动员要想取得理想的训练效果以及在比赛中获胜,就需要制定符合训练规律、科学合理的竞技体操训练计划。计划的内容主要包括诊断起始状态、建立训练目标、划分训练阶段、确定训练任务、选择训练内容、安排比赛、记录训练负荷变化、选择训练方法和训练手段、建立恢复体系和安全保障体系、做好医务监督、制定检查评比和奖惩制度、建立后勤保障体系等。对于竞技体操运动员而言，制定竞技体操训练计划可有效指导整个训练过程，并有助于纠正训练过程中出现的问题，大大增强训练的针对性和科学性。

在竞技体操训练和比赛过程中，现代竞技体操竞赛规则对运动员具有严格的规范和导向作用。值得注意的是，竞技体操竞赛规则的不断修改和完善，对推动现代竞技体操技术的快速发展具有十分积极的作用。竞技体操竞赛规则自产生以来，由最初的两年修改一次变为后来的四年修订一次。竞技体操竞赛规则自 1949 年国际体联制定的第一个关于男子体操评分规则以来已经作了十多次修改。如 1956 年竞技体操规则将体操动作分为 A、B、C 三个难度组；1976 年增加了 R、O、V 三性加分；1993 年改变加分条件，由“三性”加分变为“D、E”难度动作加分和难度动作连接加分，加分的分值也由原来的 0.4 分增加至 1 分；1997 年规则取消了规定动作比赛，并降低了成套动作的起评分。此外，在训练器材、训练方法和训练手段方面也进行了较大的修改和变动，增加了如“特卡切夫腾越”“月久空翻”“李宁正吊”“童非移位”等一系列高难度动作，使得现代竞技体操技术获得了更进一步的发展和提高。

在竞技体操训练和比赛过程中，场地器材是运动员完成技术动作的物质保证，它对现代竞技体操技术的发展有着十分重要的影响。竞技体操场地器材设备的创新和发展对运动员充分发挥技术水平，提高运动成绩以及保护运动员安全具有十分重要的意义。随着现代竞技体操的发展,比赛场地器材和各种辅助训练器材也不断革新,如自由体操场地弹性的增加,海绵坑的出现,单杠杠面弹性的改进,跳马跳板高度和弹性的增加等,这些也都充分体现出了现代竞技体操训练场地器材的不断创新。

除以上几种影响因素外,信息也是影响竞技体操发展的一个重要因素。运动员和教练员对信息的搜集以及对信息的应用能力对现代竞技体操的创新起着基础性作用。经运动训练实践证明,广泛获取新信息对取得训练成功具有十分重要的影响。通常而言,查阅文献、调查访问、平时观察等都是获取信息的重要途径。在这个互联网广泛普及的时代,上网搜集信息成为现代人获取信息的主要渠道,且具有信息量大、传播速度快等特点。对于竞技体操运动员和教练员而言,搜集信息的主要内容有自身信息、竞争对手信息、技术信息、竞赛裁判规则信息以及环境信息等。通过对有关竞技体操训练和比赛的各种信息的搜集和整理,并对所获取的信息进行正确全面的分析、评估和撷取,从而为制定科学合理的训练计划、选择训练方法和训练手段以及创新方案等,提供有效的参考依据。

从上述内容可以看出,现代竞技体操技术创新是在运动员、教练员以及科研工作人员的努力下,并有一定的条件保障,依据竞技体操运动员的具体条件以及竞技体操技术发展的趋势而作出的设计,通过长期的竞技体操训练实践最终实现的,这些人员是现代竞技体操创新的主力军。

竞技体操运动员在竞技体操技术训练过程中需要借助先进的训练方法和训练手段进行训练,而这些则是训练的关键因素。竞技体操训练和比赛所需的场地器材设备则是训练的基本保障。此外,在对竞技体操创新的过程中,还应做好疲劳恢复、伤后恢复、创新过程监控、场地器材维护等一系列工作,这对加快竞技体操技术创新的实现具有十分重要的意义。

上述这些影响竞技体操训练效果的因素都是现代竞技体操创新的重要理论基础。

第四节　现代竞技体操创新系统模式构建

一、构建现代竞技体操创新系统模式的重要意义

创新是现代竞技体操维持旺盛生命力的基础,是其在竞争激烈的复杂环境中生存下来的重要保证。在现代竞技体操训练过程中,创新的问题主要表现为竞技体操运动员的身体技术条件差异性、教练员针对不同运动员的具体情况制定的训练计划、训练方法和手段、场地器材的创新,以及运动员和教练员对信息的运用情况等。因此可以说,创新训练问题就是现代竞技体操训练所面临的重大问题。研究现代竞技体操创新理论,也就是全面研究有关现代竞技体操创新。基于现代竞技体操技术训练具有多个方面的影响因素,因此关于现代竞技体操创新的研究也应做到

多方面、全方位。通过全面构建现代竞技体操创新系统，才能有效把握现代竞技体操创新理论研究的关键，从而展开有针对性的研究，避免盲目性，使现代竞技体操创新理论系统更加系统化和科学化。

二、现代竞技体操创新系统模式的构建

任何理论研究都有其自身特定的研究范畴，而这种范畴体系则有助于研究者揭示研究对象的规律和特征。而对于每种理论而言，其在确定范畴体系时都会有其逻辑起点。因此可以说，一切理论的构建都建立在其逻辑起点的基础上。根据这一推理，现代竞技体操创新系统模式的构建也同样需要一定的逻辑起点。

通过上述的分析可以得知，现代竞技体操作为一种技能类表现难美运动项目，竞技体操运动员的竞技能力取决于其掌握的技术因素，而各种技术训练因素则是影响其技术水平的重要方面。竞技体操运动员只有通过合理利用各种技术训练效果因素，并通过长期科学系统的训练，才能有效提高自身的竞技能力。因此，以下主要以技术创新作为现代竞技体操创新矛盾的主要方面和次要方面的分类依据；以技术创新因素作为整个创新系统模式的中心，其他因素则以实现该中心任务服务作为逻辑起点，从而构建出一个完整的现代竞技体操创新系统模式。现代竞技体操创新系统主要包括技术创新系统和技术创新支持系统两个部分。具体创新系统模式可参考图3-3所示。

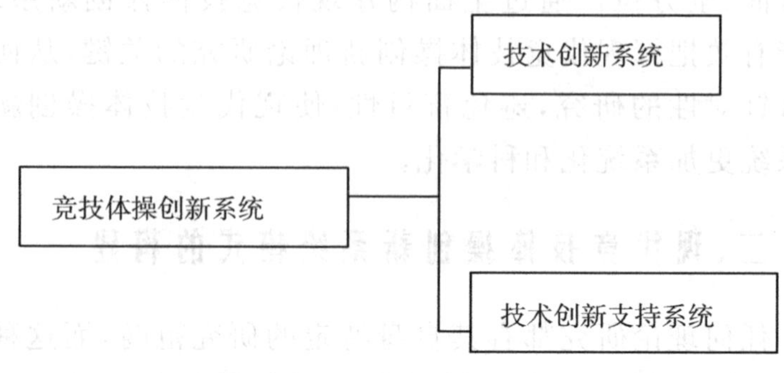

图 3-3

第四章　现代竞技体操的创新系统研究

现代竞技体操创新系统对于竞技体操的发展起到非常重要的推动作用。能够为竞技体操技术水平的不断提高提供一定的理论支撑与依据。本章主要对现代竞技体操技术创新系统的基本内容、技术创新支持系统、技术创新过程以及技术创新激励进行详细的分析和阐述。

第一节　现代竞技体操技术创新系统的基本内容

一、现代竞技体操技术创新的概念

关于竞技体操技术的概念，郑吾真、陆保钟等在他们编著的《竞技体操训练学》(北京体育大学出版社，1990年版)对竞技体操技术进行了如下定义，竞技体操技术是指体操运动员借助外力(杠子弹力、重力等)通过内力，改变身体与身体各部位之间的相对位置，保证身体重心沿着一定轨迹运动，以符合动作本身要求的方法。[①]

由上述可知，竞技体操技术创新的定义为：竞技体操技术创新是指在从事竞技体操技术训练、研究的过程中，教练员、运动员、科研人员对竞技体操技术在现有的竞技体操运动原理与技术实践基础上所进行的发明、改造或引进新事物，符合竞技体操技术发展趋势和规则要求，提高运动技术水平和比赛成绩的活动。[②] 通过具体分析，可以看出，该定义包括以下几个方面的要素。

(1)竞技体操技术范畴内是其主要对象。

(2)现有竞技体操运动原理与技术实践，是进行创新活动的基础。

(3)创新活动的内容较丰富，主要包括发明、改造和引进新的技术和动作。

(4)创新成果与竞技体操技术发展趋势和规则要求相符，且能使运动技术水平和比赛成绩得到提高。

二、现代竞技体操技术创新的特征

简单来说，所谓的竞技体操技术创新就是竞技体操各项目在现有动作技术的基础上所进行的发明或创造，且具有一定的使用价值的创造性活动。关于竞技体操技术创新的特征，可大致归纳为以下几个方面。

---

① 吕万刚．竞技体操创新理论研究．北京体育大学，2001

② 同上

(一)时效性

创新动作的价值,具有随着时间推移而逐渐降低的特性,就是所谓的时效性。由于新动作能够先人一步而暂时处于领先地位,因此,具有较高的赛场价值。但是,需要注意的是,在其他运动员纷纷效仿、掌握的情况下,这种领先优势就会慢慢消失。从时效性这一特性可以发现,做任何事情都不能满足现状,只有不断的推陈出新,才能够将优势地位保持住。

(二)渐进性

技术创新过程中的渐进性特征,就是所谓的渐进性。不管是什么样的技术动作,都是逐渐产生和发展起来的,要想保证体操技术的创新发展,就必须进行变革。但是,需要强调的是,这种变革必须是逐渐取其精华去其糟粕的,表现出阶段性的特征。

(三)新颖性

所创造或改造的动作和连接,出现了新的、异乎寻常的或能产生特别效果的特性,就是所谓的新颖性。竞技体操技术创新活动中最主要的特性就是新颖性。新颖性对改革和创新的活力有着一定程度的体现。

(四)多维性

创新的表现形式和方法是多种多样的,这就是所谓的多维性特征。竞技体操技术的多维性是由许多因素决定的，其中，主要包括比赛规则、项目和器械特点、竞技体操人为性以及人体运动机能等。创新在表现形式和方法上都表现出显著的多维性特征。其中，在表现形式方面，多维性特征主要在以下几个方面得到体现：第一，是新动作、新技术、新领域的创新；第二，是连接创新；第三，是在原有动作技术结构内部的创新；第四，是个人独特技术风格上的创新；第五，是完成动作方法与手段创新；第六，是人体相对器械位置变化创新等。在方法方面，多维性特征主要在各种创新法上有所体现，比如难度递进创新法、逆向创新法、移植创新法等。

（五）风险性

创新就是要走之前没有人走过的路，这就赋予了其风险性的特征。竞技体操技术创新风险性，主要包括三个方面的内容：首先，创新活动有两种可能性发生，一个是成功，一个是失败，若不成功就会带来一定的损失；其次，创新的过程中，如果不能采取有效的保护措施，就会对运动员造成伤害，对运动员训练产生不利的影响；再次，创新动作在比赛应用过程中，如果不能保证技术动作的完成质量，不仅不会加分，往往还会被扣分。由于新规则要求创新加分，因此，运动员加强对高难动作和连接的创新已经是一种趋势。鉴于此，运动员创新的风险性也就有所提升。

三、现代竞技体操技术创新的规律

(一)技术创新发展周期性规律

创新发展活动的兴衰态势与时间关系,就是所谓的技术创新发展上的周期性。竞技体操技术创新发展的周期性是分阶段发展的,具体可以分为以下三个阶段,然后进入新创新发展周期。具体以空翻动作为例,第一,孕育与突破阶段,这一阶段孕育和创造了新一代空翻动作,对整个发展时期来说,这应该属于初始阶段;第二,是发展和普及阶段,空翻动作创新以后,由于不断完善基本技术和改进训练方法,新动作得到迅速普及和发展,并且将其较好地移植到各个项目中去;第三,是完美与稳定阶段,这一阶段具有非常重要的意义,这一阶段,不仅新动作进入本周期,同时也是竞技体操创新技术在新水平上达到完善阶段,并且与新一次的创新相连接,为其做好充分的准备。

(二)技术创新无限发展规律

无限,就是不会停止,没有终结。竞技体操技术的无限发展是受很多原因影响的,具体来说,主要有四个方面:首先,是竞技体操比赛对难与美的无限追求。这就使得创新主体不断改进竞技体操基础技术、高难动作技术以及连接技术,从而使竞技体操技术创新的活动持续进行下去。其次,是运动员能力的不断提高。这可以从两个方面得到充分的体现:一方面,随着训练的不断深入和新训练方法的采用，运动员的运动能力得到迅速提高；另一方面，新的、年轻运动员的不断加入，他们的能力有了一定程度上的提高。再次，是运动器械的不断改进和训练条件的不断改善。如果竞技体操的场地器材没有得到及时的改进与完善，就会对体育技术的创新发展产生阻碍作用。最后，是竞技体操训练的科学化。由于科学技术不断发展，其在竞技体操技术创新中的应用也越来越多，起到的作用也越来越重要，不仅能有效预防运动伤病的发生，而且还能进一步挖掘运动员的潜力，提高训练效果，使运动员的运动能力得到有效提高。

（三）规则导向性规律

通过对竞技体操发展历程的分析和研究发现，每一次竞赛规则的重大修改，都在很大程度上推动了竞技体操技术的创新与发展。毋庸置疑，竞技体操技术发展的一个必然规律，就是难度动作的发展和创新。从规则的修改中可以看出，目前竞技体操技术创新对动作技术发展的多样化和动作连接加难较为重视，而不是之前单纯的动作翻转周数和转体度数的增加。另外，在对某一类动作创新的鼓励上，也充分体现出了竞技体操创新规则导向性规律。这不仅使教练员、运动员对此类动作的积极性得到了较大的提高，而且还使研究人员研究的兴趣也有所提高，从而进一步推动竞技体操技术的创新。

（四）技术创新交互作用规律

竞技体操技术创新包括多个方面的内容，其中，最主要的有基本动作技术创新、高难度动作创新和连接技术创新，因此，技术创新交互作用规律，主要在技术创新内部各要素的相互作用方面得到充分的体现。竞技体操技术创新各要素之间是有着一定联系的，并且相互之间的发展是相互促进的。基本动作技术的创新对高难度动作创新起到积极的促进作用，反过来，高难度动作的发展，也对基本动作技术的不断改进提出了更高的要求。高难动作的不断创新，为连接创新提供机会和可能，同时，连接创新又使得创新动作的技术改进的速度进一步加快，也为更难动作创新奠定了一定的准备基础。

（五）创新动作集群发展规律

所谓的创新集群是一种创新成群出现的现象，具体来说，就是创新在一定的时间和空间成群出现的规律性。这种现象在竞技体操技术创新活动中有着较为突出的表现。以创新活动的时间和空间特征为主要依据，可将竞技体操技术创新集群分为两大类。一类是时间意义上的创新集群，其主要在由于竞赛规则修改刺激和比赛需求，在同一时期中出现成群的在技术并无直接联系的创新方面得到充分的体现。另一类是空间意义上的的创新集群，其主要表现在两个方面：一方面，当一项或少数几项重要的技术创新出现后，随后一系列在技术上与之相关的创新也会出现；另一方面，当某一个具有先导性技术动作创新后，就会引起一系列的效仿、传播，从而逐渐形成一个训练群体。

四、现代竞技体操技术创新的原则

竞技体操技术创新原则的依据不仅有人体运动的客观规律，而且还涉及竞技体操技术发展规律和训练学原理。竞技体操技术创新的原则充分反映了竞技体操技术创新的一般规律，对技术创新实践起着非常重要的控制和指导作用。

（一）超前性原则

超前性原则，是指在竞技体操技术创新过程中，先人一步在构思、设计、实验、运用等各个环节上做到既与规则和技术发展方向相符，开发价值又较大的技术。

在竞技体操技术创新过程中，超前性原则可以从以下几个方面得到体现。

第一，从基本技术方面体现出超前性。这主要是指教练员在训练过程中用超前的指导思想，为运动员选择基本技术，并以此为基础，进一步改进，从而为今后技术的创新奠定坚实的基础。

第二，从高难度动作创新的开发、设计方面体现出超前性。具体来说，就是指在创新高难度动作时，能对未来高难度动作发展趋势有一定的预见，具有一定的超前性创造性意识。

第三，从难新动作连接的开发、设计上体现出超前性。在这方面，要想成为当今世界体操技术的领潮人，就必须充分把握超前设计，获得较大利益。

(二)针对性原则

创新不能盲目进行,因为只有有针对性的创新,才能使运动员潜力得到有效发挥,才能使创新成功得到有力保证。具体来说,竞技体操技术创新的针对性原则主要表现在以下几个方面。

第一,以运动员的个人特点为依据进行针对性创新。运动员特点主要从年龄、性别、形态、身体素质、机能、心理等几方面得到体现,其中,较为重要的是形态、身体素质特点,设计新动作时必须区别对待,因人而异,扬长避短。

第二,以项目特点为依据进行针对性创新。具体来说,应该考虑的因素主要有两个方面,一个是采用的器械,一个是运动员在每个项目上特点,以这两个方面为依据,能够有针对性地提出相应的技术要求和发挥相应的优势。

第三,以比赛规则要求为依据进行针对性创新。竞技体操训练和比赛需要遵循一定的依据,也就是规则。对于竞技体操技术的发展和创新来说,规则都起着重要的推动和指导作用。通常来说,规则的修改都在一定程度上影响着竞技体操技术的创新与发展,而技术动作的创新又促使着规则的进一步修改和完善,因此,可以说,两者是相互影响、相互促进的。

第四,以场地器械的改进设计为依据对动作进行针对性创新。竞技体操技术的发展对器械设施的改进起到积极的促进作用,反过来,器械的更新也对技术动作不断创新起着推动作用,两者有较为密切的关系。

(三)可行性原则

可行性原则是指在创新动作技术的过程中,教练员等设计的动作必须与人体在各项器械上的运动规律、技术发展趋势和运动员生理解剖特点等相符合,使运动员创新动作成功得到保证。具体来说,在竞技体操技术创新过程中,遵循可行性原则需要做到以下两方面的要求。

首先,必须与人体在各项器械上的运动规律相符。进行竞技体操技术创新,一定要将运动员与器械间的相互关系作为重要依据。对运动员在运动中与器械相互作用时人体自由度参数可能出现的各种外部形态的变化以及人体局部环节在力的作用下的相对运动时调整运动参数的作用问题进行研究,是进行人为创新必须做的。

其次,必须与技术发展趋势相适应。竞技体操的发展趋势主要表现为"力、难、新、美、稳",因此,这就要求紧跟技术发展潮流来进行动作的设计与创新,同时,还要求必须具备难、新、美的技术优势。当前,由于竞技体操对技术创新有着越来越高的要求,因此,对动作技术发展的多样化和动作连接难度的加大更加重视。

五、现代竞技体操技术创新的方法

以技术创新内容的不同为主要依据,可将竞技体操技术创新方法分为三大类,即基本技术创新方法、高难动作创新方法和高难动作连接创新方法。从图 4-1 中可以清晰地看到竞技体操技术创新方法大的框架体系。

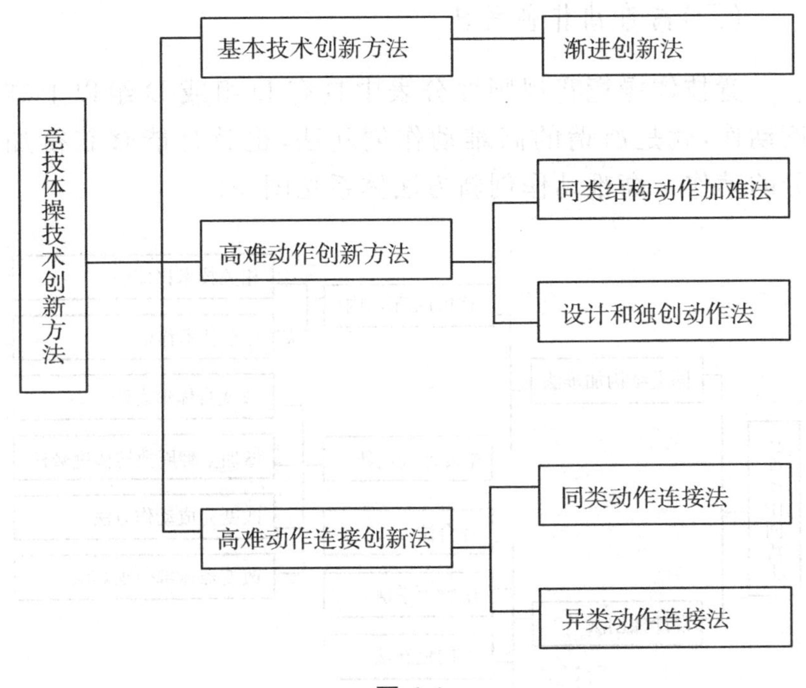

图 4-1

(一)基本技术创新法

渐进创新法是基本技术创新的主要方法。竞技体操基本技术的不断改进与发展都是逐渐形成的。以单杠前后大回环“盖浪”技术为例,这项技术是从 20 世纪 50 年代的振浪技术至 60 年代开始到 70 年代广泛应用的“沉肩振浪”技术逐步发展而来的。除此之外,吊环的前后大回环振浪技术、高低杠的前后大回环振浪技术等,也都充分体现出了技术发展渐进创新的过程。

(二)高难动作创新法

竞技体操竞赛规则评分表中具有D组或D组以上难度动作,就是所谓的高难动作创新法,也就是能够获得加分的动作。高难动作创新方法体系见图4-2。

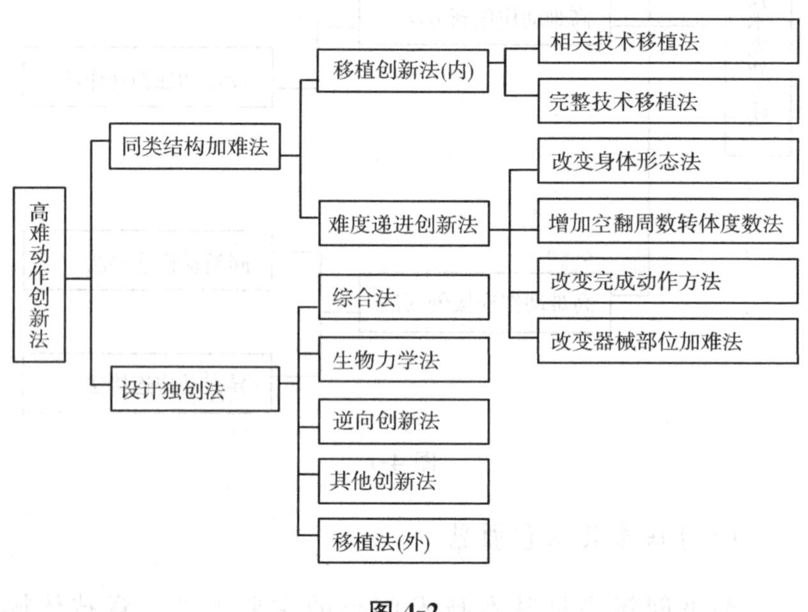

图 4-2

1. 移植法

把一个项目的动作部分或全部引入另一个项目中,并通过一定的改造而获得新动作的创新方法,就是所谓的移植法。通常情况下,可以将移植法分为两类,即相关技术移植法和完整技术移植法。在竞技体操高难动作创新中,移植法是应用较为广泛的一种创新方法。

2. 难度递进加难创新法

在不改变原动作技术原理的基础上，对其内容与形式逐级加难来到达到创新目的的方法，就是所谓的难度递进加难创新法。以其递进加难的内容与形式的不同为主要依据，可以将递进加难创新方法具体分为四种：一种是改变身体形态创新法，一种是增加空翻周数和转体度数创新法，一种是改变器械部位创新方法，还有一种是改变完成动作方式法。具体根据实际情况和需要进行有针对性的选择和运用。

3. 高难动作综合创新法

将已知的两种或两种以上的不同结构类型的动作技术，通过有机结合从而产生出一个新的结构类型动作的方法，就是所谓的高难动作综合创新法。通过对竞技体操技术历史发展过程和评分规则难度的分析和研究可以发现，在竞技体操技术创新过程中，高难动作综合创新法是非常重要的一种创新方法。以综合动作的两个或两个以上动作技术结构不同为主要依据，可将综合法分为两类，一类是两种动作技术综合类，一类是两种以上动作技术综合类。这两类方法还可以进行进一步的划分，具体见图 4-3。

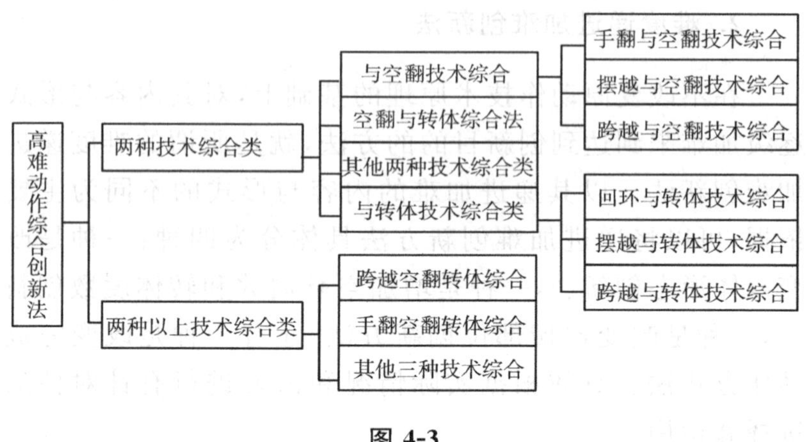

图 4-3

4. 逆向创新法

从现有动作技术的结构形态等方面的相反方向提出问题,展开思考,进行设计新动作的方法,就是所谓的逆向创新法。根据不同方法,可以将逆向创新法分为不同的种类。比如,以动作性质为主要依据,可以将其分为有用力动作的逆转和动力性动作逆转;以技术过程为主要依据,可以将其分为技术程序逆转和动作方向逆转。

(三)高难动作连接创新法

通过对竞技体操连接技术创新的研究可以看出,要想获取有效的连接技术加分,就必须科学合理的将某个项目中的一系列单个动作连接组合起来,形成有新意和风格独特的连接技术。竞技体操高难动作连接方法可以根据不同的划分依据来将其划分为不同的种类。

1. 以动作类型为依据分类

按照这一划分标准，可以将竞技体操高难动作连接方法分为两类，一类是评分规则中其基本技术相同的一类动作，即同类动作；一类是某个项目在评分规则中其基本技术不相同动作，即异类动作。

2. 以前后两个高难动作的运动方向的相互关系为依据分类

按照这一划分标准，可将高难动作连接划分两类，一类是前后连接两个动作的运动方向是一致的，即顺向连接；一类是前后连接的两个动作后一个动作结束时的运动方向与前一个动作的运动方向相反的，即逆向连接。

3. 以连接形式为依据分类

按照这一划分标准，可将竞技体操高难度动作的连接分为两类，一类是前一个动作的结束姿势即下一个动作的开始姿势，中间无停顿的直接连接式；一类是前一个动作的结束部分即下一个动作的开始部分的复合连接式。

4. 以动作间做法和完成上的相互关系为依据分类

按照这一划分标准，可将高难度动作的连接分为两类，一类是将一个动作连续两次完成，以增加难度的重复连接；一类是连接的前后两个动作动作间做法或完成上的相互关系不同的不重复连接。

第二节　现代竞技体操技术创新支持系统

通过对竞技体操训练的研究可以看出，影响竞技体操训练效果的因素主要有两个方面，一个是包括教练员和运动员等在内的人力资源因素；另一个是包括训练理论与方法手段、场地设备器械、技术创新过程中的信息和激励等在内的非人力资源因素(图 4-4)。

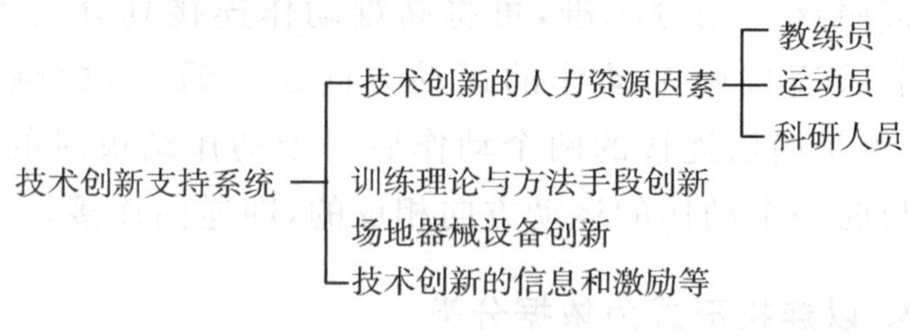

图 4-4

一、现代竞技体操技术创新的人力资源构成及作用

竞技体操训练系统主要由教练员、科研人员与运动员构成，在竞技体操创新过程中，这三者也是竞技体操技术创新支持系统中人力资源的组成部分。

(一)教练员

在竞技体操创新过程中，教练员的地位和作用是主导性的。对其起决定性作用的是,教练员不仅是训练计划组织的制定者,而且还是其重要的实施者。具体来说,教练员的主导性作用主要表现在三个方面:首先,教练员是整个创新活动的控制中心;其次,教练员是所有创新主要人力资源(即教练员、科研人员、运动员)的“统帅”;再次,教练员是创新风险的主要承担者。

通常来说,教练员的职能主要体现在三个方面:首先,在创新决策上起着把握方向的作用;在组织上起着落实和部署行动的作用;在调整上则起着协调行动的作用。除此之外,支持、协调、评估也是教练员的主要作用。

(二)科研人员

科研人员是服务于运动训练的,他们专门从事体操训练科学研究,其主要目的在于将运动训练过程中遇到的生理、生化、生物力学、训练等各种问题解决掉,并且为教练员和运动员提供最前沿的科学技术和手段以及大量的与体操训练有关的信息。一般来说,科研人员不仅学历高。思维能力和创造能力也较强。

在现代竞技体操技术创新过程中,科研人员处于中坚地位。具体来说,科研人员的工作主要包括以下几个方面的内容:第一,对竞技体操训练的先进理论、先进运动技术训练方法进行研究,并根据研究结果提出可行性方案;第二,对竞技体操强国的训练科研信息进行深入的了解,为教练员实施训练提供一定的信息支持和依据;第三,对体操运动训练的科学化进行研究和分析,在训练过程中通过一定的技术支持来为教练员和运动员进行科学训练服务；第四，为运动员建立良好的心理状态和竞赛中的应变能力提供相应的帮助；第五，为教练员和运动员提供更加先进的现代科学化训练条件。

(三)运动员

运动员是创新的主力军，其重要地位可以从以下几个方面得到体现。首先，运动员是创新“火花”的提供者。训练是创新灵感的来源，运动员的一些经验和教训往往能够为创新提供一些素材和思路。其次，运动员是创新方案实施的操作者。当创新的思路形成概念后，要想使其实现，就必须使概念转变为现实，这就需要运动员将理论上的构思变成具体操作。再次，运动员是反馈和改进的联系者。只有通过运动员对技术创新的可行性，训练方法、手段的效果，新的恢复、监测手段效果等进行实验，然后将结果反馈给教练员和科研人员，才能进一步完善创新。

二、训练方法手段创新

(一)训练方法与手段创新与技术创新关系

竞技体操训练的中心是技术训练，而技术又寓于动作之中。在竞技体操技术创新的过程中，体操动作的难度是逐渐增加的，不管是什么样的训练，都要求具有更好的训练方法和手段，提高训练的质量。教练员能否熟练而准确地掌握动作训练方法和手段的一般规律，对动作训练方法和手段有所创新，不仅对运动员掌握动作的速度、数量、质量有着直接的影响，而且对高难动作创新和连接创新能否完成也有直接的影响，从而最终对整个训练工作的成败产生影响。由此可以看出，基本技术创新、高难动作创新、连接技术创新与训练方法和手段创新有着非常密切的关系，它们是相互影响，相互促进，协调发展，对技术创新的成败产生直接的影响。具体来说，它们之间的关系可以从图 4-5 中清楚地看到。

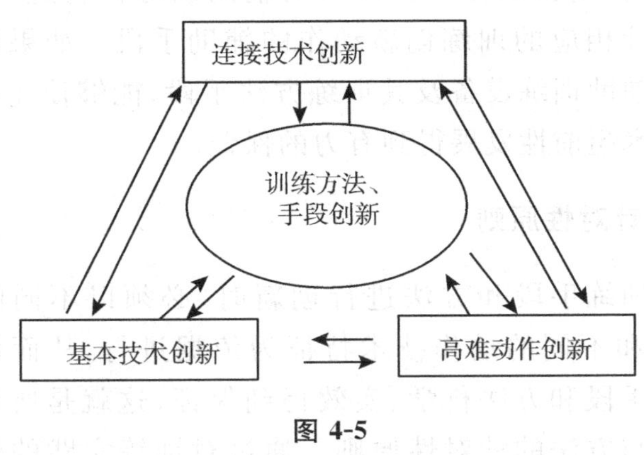

图 4-5

(二)训练方法与手段创新原则

1. 科学性原则

训练手段和方法在与竞技体操训练相结合进行实践创新时，必须遵循自然科学、社会科学发展规律、运动训练规律，这就是竞技体操技术训练的科学性原则。现代竞技体操训练的一个重要的特点就是科学性。具体来说，所谓的科学训练，就是在科学选材、教学训练、营养恢复、伤病治疗、保护器械和场地设施等方面广泛应用现代先进的科学理论与方法。

2. 超前性原则

辅助训练手段创新的超前性，就是所谓的训练方法与手段的超前性原则。具体来说，就是在实施创新动作之前，对实验创新动作所要涉及的辅助训练器材进行创新，并且设计相应的训练创新动作的辅助手段。如果能较好地运用辅助训练设备及其训练方法手段，能够使竞技体操动作技术超前性发展得到有力的保证。

3. 针对性原则

对训练手段和方法进行创新时，必须以不同的运动员特点和不同的动作技术特征为依据进行，从而使创新的训练手段和方法科学、实效得到保证，这就是所谓的训练手段与方法的针对性原则。通过对训练实践的研究可以看出，没有一种训练方法和手段是适用于每一个运动员的，对不同运动员运用同一种训练方法和手段产生的训练效果也不同。因此，这就要求必须遵循针对性原则。

三、场地器械设备创新

在竞技体操训练过程中，场地器材设备起着非常重要的辅助作用。尤其是现代科学技术的应用，器材设备更加先进,这在一定程度上促进了竞技体操技术创新。

(一)场地器械设备创新原则

1. 科学性原则

竞技体操技术在飞速发展的过程中,创新者在进行场地器械设备创新时,必须遵循科学技术规律,这就是场地器械设备创新的科学性原则。当前,竞技体操比赛日趋激烈,创新者通常会将新材料和最新的研究成果在场地器械设备创新中进行广泛应用,从而为运动员训练提供良好的保障条件,进而为运动员技术水平的不断提高和促进技术的发展起到有利的保证。

2. 有利于技术发展原则

进行场地器械设备创新时,必须对技术的持续发展有利、对减少运动员受伤有利、对技术水平提高和比赛精彩度的提高有利等,这就是所谓的有利于技术发展原则。

(二)影响场地器械设备创新的主要因素

通过对一些相关资料的查阅和分析,得出对场地器械设备创新产生影响的因素,具体来说,主要影响因素有竞技体操技术发展、科学技术、竞赛规则、对实现技术创新的迫切需求和经济实力。

第三节　现代竞技体操技术创新的过程

一、对技术创新过程起促进作用的动力因素

(一)场地器械设备更新

这里所说的场地器材设备主要是指训练、比赛用的各个项目器械、保护设施等。训练、比赛用的器械、保护设施的每一次更新,都在一定程度上为竞技体操技术动作的创新提供了良好的基础。

(二)规则修改契机

竞赛规则不仅是竞技体操运动训练的向导,也是运动技术发展的指南,同时还是赛场比赛保证公平竞争、区分高低的准绳。每一次竞赛规则的修改,都是对技术动作创新的体现。

(三)技术发展趋势

竞技体操技术发展趋势对竞技体操技术创新起着非常重要的引导作用。在某一时期或某一时间内,竞技体操技术创新都是按某一技术趋势在不断发展的。通过对竞技体操发展史的研究和分析可以看出,技术发展史不仅仅是技术创新史,同时也是竞技体操技术不断进步的历史。

(四)个人需求

从广义上来说,需求包括很多方面的内容,比如国家的需求、社会的需求、民族的需求、政府的需求、集体的需求以及个人的需求。由于受到外部因素的影响,为了在竞争中获胜,就会有强烈的要求和欲望来设计新动作、新技术,这就对竞技体操技术创新的实现起到了积极的促进作用。

(五)政策激励

通过应用激励理论,将各种鼓励技术创新的规章、制度建立起来,对人的创新行为动机进行激发,从而对个体有效地完成创新行为目标过程起到积极的促进作用。可以说,政府激励在很大程度上引导着竞技体操技术的创新。

(六)国际国内竞争的压力

竞技体操从诞生就被赋予了竞争这一重要特征。因此,国际和国内比赛的进行在很大程度上促进了竞技体操技术的创新。再加上国际、国内之间的技术和人才交流的不断进行,使得竞技体操的技术水平得到了整体上的提高,因而也使得国际、国内比赛也更加激烈,训练主体对技术创新的需求也受到了一定的刺激。

(七)体育科技发展

竞技体育科技的发展在竞技体操技术创新中具有非

常重要的作用。具体来说，可以从以下几个方面得到体现：首先，能够为竞技体操技术创新提供一些较为先进的理论和方法；其次，能够为竞技体操技术创新训练提供良好的训练器械和保护设施；再次，能够为竞技体操技术创新研究提供各种准确的信息和研究手段；最后，能为竞技体操技术创新实现提供科学的运动疲劳恢复、营养保障等。

二、技术创新过程创新需求与技术进步相互作用模型

在竞技体操技术创新过程中，推动技术创新的内因是教练员、科研人员和运动员对技术创新的需求，外因则是技术的进步。因此，竞技体操技术创新过程相互作用模型就是由内因与外因两个方面构成的。需要强调的是，这个模型是竞技体操技术创新过程模型的重要模型之一，具体可以从图 4-6 中看出来。

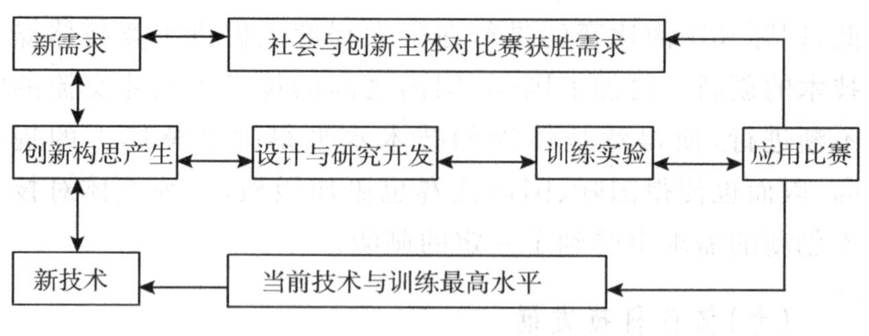

图 4-6

从上图中可以看出，尽管模型较为简单，但是这却是一个典型的创新过程模型。这一模型将创新过程分成一系列的阶段，这些阶段有着不同的职能，但是相互作用、相互独立。尽管这些阶段在过程上不一定具有连续性，但是，从逻辑上来看，它们是相继而起的，对创新需求与技术进步的相互作用进行了重点强调。

从这个模型中可以看出，技术创新往往是由能够清楚地表达出来的创新需要和新技术的产生所引发的，而且这一现象是能够被竞技体操创新主体感受到的。因此，通过内部因素和外部因素的共同作用，对技术创新过程的实现起到了积极的促进作用。

三、技术创新过程的一体化模型

当前，竞技体操技术的发展和比赛竞争呈现出越来越激烈的趋势，为了使竞争和发展需求得到不断的满足，使技术创新实现的步法进一步加快，在竞技体操比赛中率先使用创新高难度动作和技术，从而获得更多加分，这就使得创新过程也有了一些变化。因此，可以说，技术创新过程是将创新过程看成是同时涉及创新构思、研究设计、创新动作训练到加入成套动作应用于比赛这几个阶段的一个并行过程，而不再是简单的线性过程。

另外，随着科学研究深入和竞技体操技术发展，竞技体操技术动作创新过程模型也发生了变化，已形成了一体化技术创新过程模型，具体如图 4-7 所示。

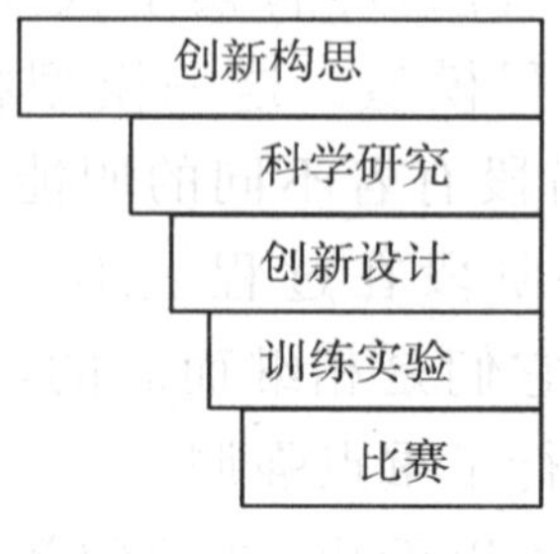

图 4-7

从上图中可以看出，一体化创新过程模型是将创新过程看作是同时涉及创新构思产生、科学研究、创新设计、训练实验和登陆训练并应用于比赛的并行过程。这种模型对竞技体操训练过程中教练员、科研人员和运动员之间的联系、沟通和密切合作较为重视，能够使创新、科研、训练之间的信息畅通得到有力保证。

第四节　现代竞技体操技术创新激励

一、竞技体操技术创新激励概念

激励具有广义和狭义两方面的定义。从广义上来说，激励就是激发鼓励，调动人的积极性、主动性和创造性。从狭义上来说，激励就是将外部刺激转化为内部动力。

鉴于对激励的定义，可以得出：通过外部的适当刺激，对创新行为主体的动机进行激发，积极地进行技术创新活动的过程，就是竞技体操创新激励的概念。

二、竞技体操技术创新激励模式

竞技体操技术创新激励模式主要有三种，具体如下。

模式之一：该模式主要由刺激（内外诱因）、个体需要、动机、行为、目标、反馈等方面组成（图 4-8）。

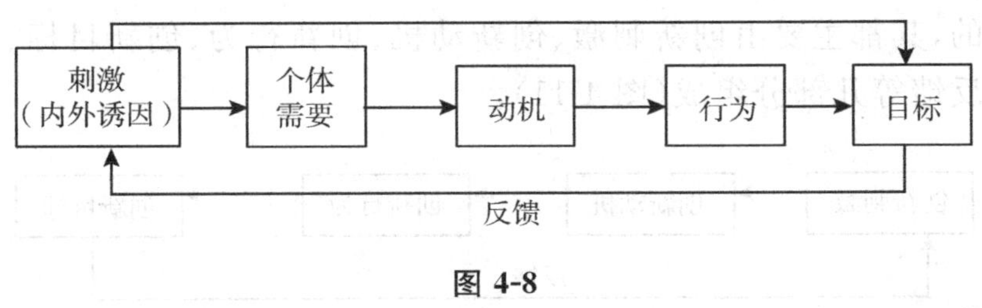

图 4-8

模式之二：该模式主要由需要、愿望或希望、动力、行为、目标、反馈等方面组成（图 4-9）。

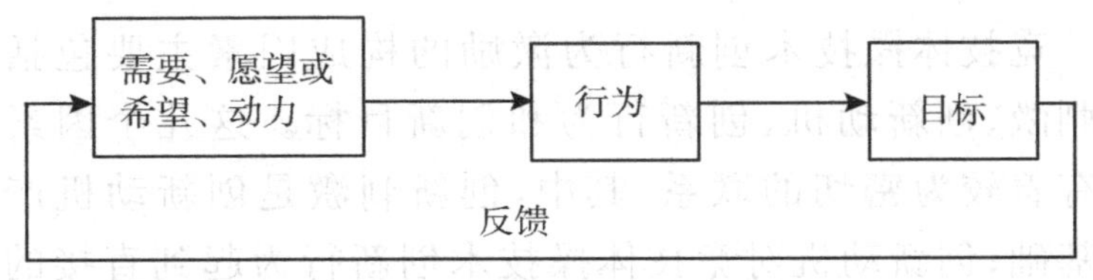

图 4-9

模式之三：该模式主要由未满足的需要与欲望、心理紧张性、动机、目标导向、目标行动、需要满足紧张消除、产生新的需要、反馈等方面组成（图 4-10）。

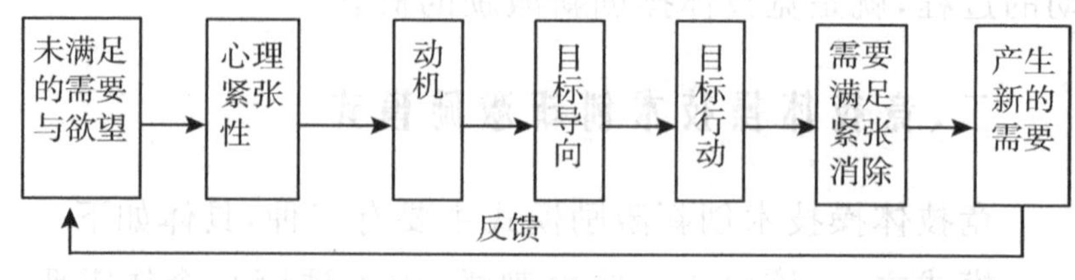

图 4-10

综合以上分析，不管竞技体操创新激励模式是什么样的，其都主要由创新刺激、创新动机、创新行为、创新目标、反馈等几部分组成（图 4-11）。

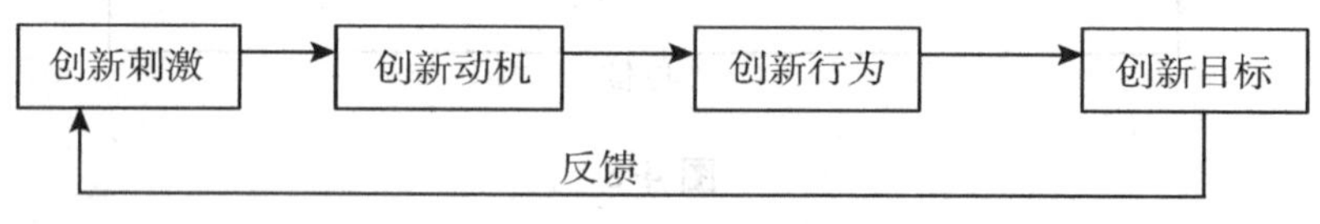

图 4-11

三、竞技体操技术创新激励模式图构成因素分析

竞技体操技术创新行为激励的构成因素主要包括创新刺激、创新动机、创新行为和创新目标。这几个因素之间有着较为密切的联系，其中，创新刺激是创新动机产生的基础；创新动机对竞技体操技术创新行为起到直接的推动作用，并维持这一现象；目标是种期望，是创新主体进行创新活动所追求的预期结果。

（一）竞技体操技术创新行为

创新主体（即从事竞技体操训练的个体或群体）在创

新刺激、创新价值观、创新动机、创新素质等因素的作用下，采取的以实现创新目标为主要目的的一系列活动，就是所谓的竞技体操创新行为。

这些以实现创新目标为主要目的的活动由动机所维持，由创新目标所导引，由创新价值观进行矫正。活动的开展可以有先后顺序，也可以平行，只要能够有效达成创新目标，有利于获得创新成功就可以。竞技体操的评分标准是运动员完成动作技术好坏，鉴于此，可以将竞技体操技术创新行为分为两类，一类是包括基本动作技术的改进活动、高难动作技术的创新活动和连接技术的创新活动在内的技术创新活动，一类是训练方法、手段等创新活动，即增进技术创新实效活动。

（二）竞技体操技术创新动机

所谓的动机，就是能激励人行动，并引起行动满足某种需要的欲望、愿望、理想、信念等主观因素。能引起创新主体进行创新行为，维持该行为，并满足创新主体对竞技体操技术创新需要的过程，就是所谓的竞技体操创新动机。

在竞技体操创新行为中，竞技体操创新主体的内在动力就是创新动机，只有具备一定的创新动机，才能够发生创新行为，并将这一行为维持好。需要强调的是，由于受到创新主体的价值取向和社会文化背景的影响，创新主体的创新动机是呈多元化的。通常情况下，可以将创新动机分为以下几大类。

第一,是心理需求或对创新的偏好。

第二,是为获得事业成功。

第三,是为了完成上级下达的比赛任务。

第四,是为了得到奖励。

第五,是为了本队或国家体操的发展和适应时代发展。

(三)竞技体操技术创新目标

竞技体操创新主体创新时想要达成的最终结果,就是所谓的竞技体操技术创新目标,具体来说,就是能够在比赛中使用,起到加分和提高全套动作难度的作用,并且能够达到在比赛中取得优异成绩的目的。

以时间跨度的不同为主要依据,可以将竞技体操创新目标分为阶段创新目标、年度创新目标、多年创新目标。由此可以看出,竞技体操技术创新目标具有一定的层次性。尽管可以分为三个不同层次,但每个层次又包含三个不同的为实现创新目标而设的分目标,受此影响,各层次创新的程度也会有一定的差异性,并呈逐渐增强趋势。

竞技体操技术创新目标在时间上也有一定的要求,受此影响,对创新目标的设置也有一定要求。具体来说,可将这种要求归纳为以下几个方面:第一,要恰当设定目标,具体来说,就是要求创新目标的设定不仅要符合创新主体的能力,还要符合体操运动发展趋势,从而使创新主体经过努力能够使此目标得以实现;第二,最好自己设定创新目标,自己的创新目标要以自身的创意和自己所处的训练环境为主要依据来进行设定；第三，要在与各方面协调配合的基础上来设定创新目标，这主要是因为，竞技体操创新的实施不仅与创新主体的内部有紧密的联系，与创新主体外部的联系也不可忽视，只有将内部与外部协调好，才能够使创新目标得以实现。

第五章 现代竞技体操训练的基本理论

现代竞技体操的训练是一个可控制的训练过程，实现竞技体操的科学训练是运动员取得优异比赛成绩的重要前提，本章重点对现代竞技体操训练的影响因素、基本运作以及科学化训练系统的相关内容进行细致的分析和研究，以在实践中实现竞技体操训练的系统控制，为运动员创造优异成绩奠定基础。

第一节 现代竞技体操训练的影响因素分析

一、运动员因素

(一)身体素质

运动员的身体素质是其从事竞技体操的基本运动能力，是从事竞技体操的运动基础。一般来讲，运动员的体能发展水平由其身体形态、身体机能、运动素质等的发展状况决定。这里重点分析体操运动员的身体素质因素对

训练的影响

1. 力量素质

力量素质是人体神经肌肉系统在运动过程中克服或对抗阻力的能力。根据力量素质与体操专项的关系分为一般力量和体操专项力量;根据力量素质与体重的关系分为绝对力量和相对力量;根据完成不同项目所需力量素质特点分为最大力量、快速力量和力量耐力。

运动员的力量素质是其做好一切动作的基础,高难度动作的完成必须由力量素质做保障,尤其是爆发力、力量耐力、快速力量对竞技体操运动员非常重要,运动员的力量素质会直接体现在训练中,影响其训练水平的高低。

2. 耐力素质

耐力素质是个体坚持长时间运动的能力,表现为完成一定强度负荷所持续的时间,它受个体肌肉成分、系统供能、速度素质、力量素质、有效完成动作技术、动作节省化、心理状态等因素的影响。

训练学认为个体的耐力可分为一般耐力和专项耐力。前者是一种多肌群、多系统、长时间工作的能力,有助于体操运动员各种形式的训练取得成功;后者指有机体为取得专项成绩而最大限度地动员机体,克服疲劳的能力,是竞技体操重要的专项耐力之一。竞技体操要求运动员具有良好的耐力素质,运动员要想完成高难度、高质量的动作,必须具有良好的耐力素质,这也是运动员持续完成整套体操动作的基础，良好的耐力素质能帮助运动员克服在训练和比赛中出现的疲劳，承受更大的训练负荷，提高训练效果，并在比赛中取得更好的成绩。

3. 速度素质

速度素质指机体快速运动的能力，包括人体快速完成动作的能力和对外界信号刺激快速反应的能力，以及快速位移的能力。速度素质由三部分构成：第一，反应速度，指机体对各种信号刺激（声、光、触等）快速应答的能力；第二，动作速度，指机体或机体某一部分快速完成某一动作的能力；第三，动作速度，是机体完成技术动作不可缺少的要素。竞技体操对运动员的动作速度尤其严格，体操动作力度的外部表现是加速与停止相交替的运动，因此要求运动员肢体的运动是快速而非匀速的。一般地，动作速度越快，相应的动作力度表现就越好。

4. 柔韧素质

柔韧素质指人体关节在不同方向上的运动能力及肌肉、韧带等软组织的伸展能力，表现为关节运动的幅度和身体活动的范围。它分为一般柔韧素质和专门柔韧素质，主要受个体的年龄、性别、关节类型、关节结构、关节周围的肌肉、体温、疲劳状况以及情绪状态等因素的影响。

竞技体操对运动员的柔韧素质要求较高。在竞技体操运动中，没有柔韧就没有动作幅度，而动作幅度能使动作达到完美的技术效果。因此，柔韧素质训练是竞技体操训练的重点内容之一,柔韧素质好的运动员,能更轻松自如地完成体现高柔韧性的动作和训练内容,而且不易受伤。

5. 灵敏素质

灵敏素质是个体在各种突然变化的条件下能够迅速、准确、协调地改变身体运动空间位置和运动方向,以适应外界变化的能力。它可以分为一般灵敏素质和专门灵敏素质。

灵敏素质是一种综合素质,是一切运动的重要素质,它与个体对空间位置和对时间的感觉能力有关,也与个体的速度素质、力量素质、协调能力和反应能力等因素有关。因此,它是竞技体操运动员完成成套动作的重要影响因素之一,是竞技体操训练的重点。

(二)技术能力

竞技体操运动员的技术能力是指其完成竞技体操动作的能力,它直接影响竞技体操运动员在训练中的表现和侧重点。具体来说,竞技体操运动员的技术能力主要表现在以下几个方面。

1. 操化动作技术

操化动作是充分展示运动员专项素质的主要内容,能充分表现运动员掌握体操技术的能力和协调水平。竞技体操运动员的操化技术水平的高低将直接影响其体操水平的高低,影响着整个训练的效果。操化动作组合的完成包括以下两个方面。

首先,体操运动员完成动作的基本部位。一方面,在完成体操上肢动作时,要求充分体现出动力、韵律、连续、准确性特点,清楚地显示出每一个动作要求到达的位置;明确地表示参与运动的上肢各部位的动作起始位置与结束位置。另一方面,在完成体操下肢动作时,运动员要通过髋、膝、踝感受地面产生的反作用力,使身体重心有节奏地弹动。体操运动员对上、下肢动作技术的掌握是其完成操化动作的基础。

其次,体操运动员完成动作的条件。在竞技体操中,改变完成动作的条件是加大动作难度。竞技体操运动员所具备的竞技能力主要表现在其完成高难复杂的操化动作组合的过程中,要运动员准确无误地完成每一拍动作,充分展示保持身体重心不被破坏的能力及良好的协调性。

2. 难度动作技术

在竞技体操中,有许多难度动作技术,运动员在完成这些难度动作技术时需要具备全面的身体素质及专项素质,只有这样,体操运动员才能高规格、高质量地完成动作,将自身的各项身体素质体现在难度动作中,才可能在比赛中达到最低完成要求,给观众和裁判以强烈的视觉冲击,拿到难度分值。因此,体操运动员的难度技术水平对其训练和比赛有重要的影响作用。

3. 过渡与连接

运动员要在比赛中完成一系列的体操动作，从一个难度动作过渡到另一个难度动作，动作从一个平面转到另一个平面。这些动作必须以动力性的方法相互连接在一起，而不能突然中断。这就要求体操运动员具有较好的空间转换能力，即具备一定的过渡与连接水平。过渡与连接动作与难度动作共同构成整套动作全部的空间转换任务。只有将各部分动作充分、合理、有机地结合在一起，才能更好地表现出整套动作的艺术性。这是体操运动员训练的重点之一。

4. 成套技术水平

成套技术是指体操运动员完成一套完整的动作的技术。运动员的成套技术水平受其身体素质水平、艺术感染力、表现力、对音乐的理解能力等因素的影响，而且成套技术又并不只是这些因素的简单相加。因此，竞技体操训练的最终目的就是要提高体操运动员的成套技术水平，它是运动员在参加比赛时所要体现的训练成果，对训练有着导向作用，是运动员训练的核心。

（三）心理能力

竞技体操运动员的心理能力是指其与训练竞赛有关的个性心理特征，以及根据训练和竞赛的需要把握和调整心理活动的能力。体操运动员的心理能力在训练和比赛中起着重要的作用,具体来说包括以下三方面的内容。

第一,稳定的心理状态。竞技体操运动员的心理状态能最集中地反映着运动员当前的心理活动特点和状况,是最直接地影响其运动训练效果和比赛成绩的因素,对于运动员的训练活动、形成赛前最佳竞技状态、在比赛中发挥出最高水平起着重要作用。

第二,自信心。自信是体操运动员在训练和比赛中完成竞技体操动作的基础。在训练和比赛中,体操运动员要保持自信,只有这样才能熟练运用自己的技巧,充分表达出运动热情和活力以及适宜的外表和气质,并将这些信息传达给观众和裁判,从而取得良好的训练效果和优异的比赛成绩。

第三,心理调控能力。良好的心理调控能力是体操运动员自我意识发展成熟的重要标志。运动员的心理调控主要是自我意识的控制。体操运动员的训练活动是以情绪为背景的,伴随着一定的情绪色彩,运动员只有清楚地认识自我、客观地评价自我,才能扬长避短,科学地进行训练。

(四)运动智能

运动员的运动智能是其总体竞技能力的重要组成部分,它以一般智能为基础,包括体育运动在内的多学科知识,包括运动训练和运动比赛的能力。[①] 较高的运动智能

① 马鸿韬．竞技健美操．北京:高等教育出版社,2005

能帮助体操运动员更深刻地把握专项竞技特点和规律、认识和体验训练理论和训练方法、理解先进的运动技术、掌握运动技巧。

竞技体操运动员的智能专项特点主要体现在以下几个方面。

(1)敏锐的观察力。竞技体操是技能主导类项目,因此,运动员对动作的学习应是先观察、后模仿,运动员的观察力对动作的学习起着重要作用。实践证明,观察力敏锐的运动员学习动作和技术快,对动作和技术的掌握程度高,有助于缩短教程,提高训练质量。

(2)高超的模仿力。模仿力在运动训练中发挥着很大的作用,体操运动员学习动作是在观察动作的基础上先进行模仿,然后在已经掌握的技术动作基础上理解和诠释,并赋予自己的风格热点。

(3)良好的记忆力。一套完整的竞技体操内容丰富,因此,训练内容也必须做到多样性,良好的记忆力能帮助运动员在训练中更快地记住所要掌握的技术动作和要领,缩短动作达到自动化的时间,在较短的训练时间内提高动作质量。

(4)较强的理解力。这里主要是指体操运动员对音乐的理解力,具体是指运动员对音乐风格、音乐类型的理解能力。体操运动员对音乐的理解体现在竞技体操的整套动作中,要求运动员通过动作体现音乐风格、表达音乐意境、表现音乐感情,如果运动员缺乏对音乐的理解,是很难做到声形一体的。

(5)顽强的意志品质。优秀的竞技体操运动员是经过长期艰苦的训练而成长起来的,面对长时间、强负荷的训练,运动员必须具备顽强的意志品质,只有这样才能在训练中战胜自身的惰性和各种困难,才能通过训练不断提高自己的运动技术水平。

(五)身体条件

身体条件是竞技体操运动员训练的基础之一,它主要包括四方面内容,具体如下。

首先,身体健康状况。身体健康状况良好是运动员承受大运动量和高运动负荷训练的基础。体操运动员的身体健康状况可以从脉搏、血压、心脏形态、心脏杂音等方面进行诊断和判定。

其次,生理特点。运动员的生理特点同样影响训练,尤其是女运动员,运动量、负荷、强度、内容、手段和方法要符合其生理特点,在女运动员月经期的训练更要特别重视。

再次,身体形态。身体形态会随着年龄的增长而有所改变,因此,训练要有针对性,要符合该年龄段运动员的具体情况。

最后,伤病情况。运动员的伤病对训练有重要的影响,伤病会导致运动员不能参加正常训练,妨碍运动成绩的提高,缩短运动寿命,严重的还可能引起残废。因此要特别重视训练中的伤病预防。

二、教练员因素

教练员在运动员的竞技体操训练中起主导作用，因此，教练员自身的道德情操、知识、素质和条件会直接影响训练过程和训练结果，具体表现在以下几个方面。

（一）事业心和奉献精神

教练员的工作非常艰苦，为了使运动员在训练和比赛中达到完美，需要教练员多年如一日地全神贯注于枯燥单调的训练工作。因此，强烈的事业心、无私的奉献精神及高尚的道德情操，是一名合格教练员所必备的素质，教练员的这些素质必然会影响到运动员的日常训练。

（二）理论知识

教练员对理论知识的掌握是否系统、全面直接影响体操运动员的训练过程。具体体现在以下三个方面。

第一，对竞技体操训练基本理论知识的掌握。科学的竞技体操训练是运动员竞技能力发展和运动成绩提高的重要基础和前提，而教练员的基本任务是指导竞技体操训练，因此，教练员必须充分掌握包括体育运动训练学在内的多学科知识（如运动解剖学、运动生理学、运动医学、运动生物化学、运动生物力学、运动心理学、运动营养学等），提高体操运动员的科学化训练水平，只有这样才能不断提高运动员的运动能力和竞技水平。

第二，对竞技体操训练社会学科知识的掌握。竞技体操训练的对象是人，人具有社会属性，因此，体育教育学、体育社会学、体育美学、行为科学、管理科学等社会学科知识在教练员的知识结构中也应占有重要的地位。

第三，竞技体操教练员具备的思维科学知识（如哲学、逻辑学自然辩证法等）和工具学科知识（如体育统计学、数学、外语等），这些也是影响竞技体操训练的重要因素。

（三）专业素养

竞技体操教练员的专业素养包括竞技体操专业知识、专业技术水平和训练经验三方面内容。

首先，竞技体操训练是一个系统的实践过程，教练员仅仅具备理论知识是远远不够的，扎实的竞技体操专业知识是教练员执教的基础。尤其是针对高水平的运动员的训练，没有固定的模式和规律可循，需要教练员依托于专业知识进行科学创造和创新。

其次，教练员自身的技术水平是影响训练水平的重要因素，一般来说，技术水平高的教练员对技术动作的掌握与理解更透彻，在训练实践中对运动员的动作示范与讲解也会更加清楚与详尽。

最后，竞技体操教练员丰富的实践训练经验是非常宝贵的执教财富，如教练员对先进的教学训练方法的掌握程度、概括总结等，这些都会直接影响运动员的训练质量。

（四）科研意识

在竞技体育运动中，科学研究就是为体育教学训练服务的，因此，教练员的科研意识是影响竞技体操训练的重要因素。为了提高训练水平，教练员应该具有较强的科研意识，有针对性地研究在竞技体操训练过程中出现的问题，通过解决这些问题来改善运动员的竞技体操训练实践。

（五）创新意识

创新是竞技体操的灵魂和生命力所在，从某种程度上讲，教练员的创新意识直接制约竞技体操的训练水平。一个具有丰富想像力、创造性和活跃思维的教练员，对竞技体操复合难度动作的创新、动作编排的创新、音乐的选配都有独特的见解，这些都有利于运动员竞技体操训练水平的提高。

（六）对规则的掌握程度

竞技体操的训练必须以竞技体操的规则为准绳，否则就不能在比赛中取得优异的比赛成绩。随着竞技体操的不断发展，竞技体操的规则也在不断变化和更改，因此，竞技体操的训练也应发生相应的变化。因此，教练员对规则的掌握程度对竞技体操运动员的训练起着重要的影响作用。

对于教练员来讲，只有全面而细致地掌握竞技体操的比赛规则，遵循规则变化规律，深刻领会裁判精神，了解规则中对整套动作编排、技术动作要求、难度动作要求等方面的内容，才能把握住竞技体操的整体走向，也才能在竞技体操训练过程中充分利用规则，并结合运动员的个人特点来科学、系统地进行训练，从而为体操运动员创造良好的比赛成绩奠定基础。

（七）教练员自身客观条件

教练员的自身客观条件也是影响竞技体操训练的重要因素，主要包括教练员的年龄、性别、性格、健康状况等。这些因素会在竞技体操的训练实践中对运动员产生一定的无形作用，例如，教练员与运动员的沟通、教练员对运动员积极性的启发和调动、教练员对各种社会力量的借用等。

三、训练内容与方法因素

（一）训练内容

竞技体操的训练内容丰富而广泛，是现代竞技体操训练的重要影响因素，不同的训练内容以及不同的训练内容结构都会影响体操运动员的训练效果。

1. 不同训练内容的影响

竞技体操训练的内容涉及很多方面，包括基本动作、难度动作、难度动作的创新、竞技体操特殊要求（形体、表现、过渡与连接动作）等的训练。因此，运动员在训练中要掌握各种运动技巧和音乐知识，高质量地完成成套动作。训练内容不同，难易程度就不同，训练的效果也会不一样。

2. 不同的训练内容结构比例的影响

竞技体操训练内容不同的结构比例也会对运动员的训练效果产生不同的影响。这是因为，竞技体操运动员在不同的训练阶段侧重于不同的训练内容，不同的训练课对运动员的要求是不一样的，运动员各项训练内容之间的比例不同，训练体系的重点自然也就不同。体操运动员的训练应突出重点，做到有针对性地进行训练，只有这样才能不断优化训练效果。

(二)训练方法

竞技体操的训练方法是指在训练中根据一定的原理，提高运动员技术水平，使运动员完成训练任务的办法。因此，选择什么样的训练方法会决定竞技体操的训练水平的高低，在竞技体操训练中，训练方法的选择会从以下几个方面影响运动员的训练水平。

(1)训练方法是否符合人体发展的客观规律。竞技体操训练的最终目的是提高体操运动员的专项运动成绩，因此，训练要在全面发展运动员身体素质的基础上系统地、不间断地进行，也就是说，竞技体操的训练要符合体操运动员的人体健康发展规律，必须在适宜的刺激作用下完成有机体内部的生物学改造。这就要求教练员科学选择训练方法，将运动员的训练控制在其机体正常的适应性变化范围内，而不能用不适宜的方法使运动员的有机体超越机能储备的界限而进入病理状态。

(2)训练方法是否适应竞技体操运动专项特点。竞技体操对运动员的外表形态和内部器官系统的改造、训练的组织结构、技术和技巧的掌握、身体素质的发展等,都有特殊的要求,因此,训练方法的选择必须要适宜竞技体操运动专项特点的需求,否则就不能实现良好的训练效果。

(3)训练方法是否切实可行。对于运动员来讲,好的训练方法应该是适应运动员个性特点的训练方法,而且该训练方法必须是切实可行的,选择训练方法要因人、因地、因时而异,要充分考虑场地、设备、时间等一系列客观条件的限制,否则就很难做到训练的可操作性,好高骛远,华而不实的训练方法显然是不可取的。

(4)训练方法是否使形成竞技状态的各因素统一和谐、有机结合。在竞技体操训练实践中,某一训练方法对运动员竞技状态的某种因素起主要作用,而竞技状态又是多种因素有机统一的结果,因此,要尽量选择能促使运动员竞技状态各因素协调发展的训练方法,尤其是赛前训练方法的选择更要重视。

四、社会因素

(一)国家、社会的重视程度

国家对竞技体操的重视程度包括很多方面的内容,例如,国家培养竞技体操运动员的计划,国家制定的竞技体操运动等级制度、教学训练大纲、竞赛制度,科研工作的积极配合,科学的管理制度,必要的经费支持等。

社会对竞技体操的重视程度主要表现在家庭教育和物质条件，家长和学校对训练工作是否支持、社会大众对竞技体操运动的喜爱程度以及对竞技体操运动员的评价等方面。

（二）场地设备

场地设备是竞技体操训练的客观物质条件，也是影响竞技体操训练的客观因素之一。一般来说，好的场地设备能够保证运动员不受客观条件的干扰，更有利于运动员以最好的状态投入训练。

（三）气候条件

气候条件对竞技体操训练的影响主要表现在气温方面。例如，夏天气温高，运动员机体肌肉的粘滞性小，准备活动时间可以短，不容易受伤，但训练时消耗能量大，容易产生疲劳；冬天气温低，运动员机体肌肉的粘滞性大，在训练前要充分做好准备活动，以免在运动中受伤。

在影响竞技体操训练的三个社会因素中，任何一种因素出故障都会使体操运动员的训练活动停滞不前，甚至完全失败。因此，教练员和运动员必须保证在训练过程中上述三个因素处于正常的功能状态。

五、竞赛规则因素

任何一项竞技运动都是在一定的竞赛规则的制约下进行的，规则是根据运动本身的内在发展规律制定的，它是在综合外在因素(如社会因素、经济因素、政治因素等)的影响和作用的基础上,形成和发展起来的。

规则具有导向作用。竞技体操的竞赛规则是影响竞技体操训练的重要因素之一,是竞技体操训练的指南和指导性文件,因此,竞技体操运动员的训练活动必须充分考虑竞技体操规则的相关内容和规定。

第二节　现代竞技体操训练的基本原则

一、系统性原则

系统性原则是运动员进行竞技体操训练的基本原则之一。系统的训练能使运动员更快、更熟练地掌握正确的动作和技巧。

系统性原则是由竞技体操运动员的训练需要所决定的,它是运动员练习竞技体操的需要,是运动员不断重复和巩固竞技体操动作技术的需要,是运动员实现竞技体操运动技能系统化积累的需要,是运动员取得优秀竞技体操运动成绩的需要。在竞技体操训练实践中,实施系统性原则主要表现在两个方面,即多年系统训练和周期训练。

系统性训练原则要求竞技体操运动员在训练开始前,应有明确的训练目标,同时将竞技体操的身体素质训练、技术训练、动作难度训练、心理训练等结合起来,合理安排训练周期和训练负荷,使整个训练过程系统有序地进行。

二、周期性原则

竞技体操训练的周期性原则是指运动员在训练的整个过程中要按照各阶段组成的运动周期循环地进行。该训练原则的科学依据在于运动员竞技状态的客观规律和竞技体操运动技术形成的客观规律，具体表现如下。

(1)竞技体操运动员的各训练周期是相互联系的。通常来讲，竞技体操训练的前一周期是后一周期的基础，后一周期的训练要在前一训练周期的基础上有所提高。竞技体操运动训练，一定要重视各个周期内竞技体操的具体训练，体现出周期性特征，各周期间也要做到紧密衔接，并及时根据竞技体操运动训练的反馈情况对训练周期进行调整。

(2)竞技体操运动员的各训练周期是相对独立的。在竞技体操训练的不同周期(不同训练阶段)内，具体的训练任务、训练内容、训练目的、训练方法、训练手段、训练负荷等都会有所不同。因此，竞技体操的周期性训练要突出各周期的训练重点，同时注意比赛任务、对象特点、训练环境等因素对竞技体操训练的影响，根据具体情况进行训练。

三、循序渐进原则

竞技体操训练的循序渐进原则是根据人体动作形成的客观规律提出来的。

人的技能不是一朝一夕就能形成和掌握的，个体在学习运动技术的过程中,人体结构的改变、运动能力的提高、内脏循环功能的改善都是由于机体的神经系统通过对运动系统及其他内脏循环系统反复多次调节而形成的适应性反应。这种适应性的形成是一个复杂的协调过程,仅仅靠几次训练和练习是无法实现的,例如,急于求成而盲目增加运动量,就会使心脏的活动超出正常负荷的限度而疲劳过度,不仅不利于身体健康还有可能造成运动损伤和疾病。因此,竞技体操运动员必须在训练过程中遵循循序渐进的训练原则,经历一个由量变到质变的过程。

在竞技体操的训练实践中,运动员运动技能的提高并不等于增强了身体素质,打破了机体原有的生理机体平衡,只有坚持循序渐进的原则,才能让机体在健康的情况下逐步适应训练内容,形成新的生理平衡,即提高运动技能。

四、持之以恒原则

任何一个运动项目的训练都是长期的过程,竞技体操训练也不例外。因此,在体操训练中遵循持之以恒原则十分必要。

生理学研究表明,人体是一个完整的机体,人体任何动作的完成都是在中枢神经系统的指挥下进行的,全身各组织器官之间都有着密切的联系,身体任何局部功能的改善和提高都是协调和共同运动的结果。在训练中遇到困难或没有成效就放弃的做法是不可取的。

竞技体操运动员要想通过训练获得高超的运动技能

和优异的比赛成绩就必须坚持长期有规律的训练，只有持之以恒地进行训练，才能促进预期训练目标的实现。

五、区别对待原则

唯物辩证法认为，矛盾具有特殊性的特点，每种事物都有自己的特点。竞技体操运动员个体之间存在着许多差异，如性别、年龄、身体素质、理解能力等方面的差异，因此，竞技体操运动的训练内容、训练方法、训练负荷等也应有所不同，要在训练实践中充分考虑客观规律和实际情况，遵循区别对待的原则。

竞技体操训练遵循区别对待原则有利于调动运动员训练的自觉积极性，也有利于教练员发现和培养有前途的运动员。竞技体操训练中贯彻区别对待原则必须反映在训练计划及训练的始终，使训练任务、训练内容、训练手段、训练方法和运动负荷符合个人特点，切合实际。具体来说，教练员在竞技体操运动训练中，应对每一个运动员的情况了如指掌，做到从运动员自身的条件出发，个别对待、因材施教。

此外，竞技体操运动训练还应该结合项目特点和比赛特点，有针对性地进行训练。

六、合理安排原则

竞技体操训练的合理安排原则主要体现在两个方面，即合理安排运动负荷和合理安排运动时间，具体如下。

首先,合理安排运动负荷。竞技体操训练的运动负荷直接关系到竞技体操的训练效果。在训练实践中,运动负荷过小或过大都不能取得良好的训练效果。一方面,如果运动员承受的训练负荷过小,就难以使运动员的身体得到充分的训练,运动员自身的潜力就难以充分挖掘,训练效果甚微;另一方面,如果运动员在竞技体操训练过程中承受的训练负荷强度过大,机体负荷过度就会对运动员的身体造成一定的损害。因此,合理的竞技体操运动负荷安排是运动员科学训练的前提和基础,是充分发挥运动员运动潜力、促进运动员运动技能提高的重要基础。具体来说,合理安排竞技体操训练的运动负荷要以机体超量恢复为理论依据。根据机体超量恢复原理,结合具体的训练任务,针对不同的训练对象,充分考虑训练对象的性别、年龄、身体素质、训练水平、意志品质、思想状态、伤病情况等因素,逐步而有节奏地加大训练负荷,直至达到运动员所能承受的最大限度的运动负荷。

其次,合理安排训练时间。实践证明,根据运动员的作息时间、生活规律定时进行训练,可以使机体产生一系列适应性变化,充分调动运动员机体各器官机能,以达到训练的最佳效果。竞技体操训练时间的合理安排应注意以下几个方面。第一,一天当中的训练应尽量安排在下午3～6时,这是因为一天当中的该时间段内人体生物钟通常正处于最佳的状态,运动员的精力充沛。而且午饭两小时以后,食物经过消化吸收后进入血液循环,人体产生热量最高,有利于竞技体操训练过程中机体能量代谢成倍的需要。第二，一个周期的训练中，训练初期每次训练时间以45～60分钟为宜，每周练习三四次或隔天练习一次，训练两三个月后可将每次训练时间增至90分钟。第三，饭前进行训练后，应在训练后休息30分钟后再进食。以免运动时体内血液集中在运动器官，而导致胃肠缺血、抑制消化。饭后进行训练，应在饭后休息1.5～2.5小时再进行训练，以免剧烈运动导致集中于消化系统的血液分散到运动器官、引起消化和吸收不良。第四，一次训练课中，应合理安排准备时间、训练时间和休息整理时间。

七、及时调整原则

事物都是处在不断的变化之中的，竞技体操的训练也不是一成不变的，在训练实践中应根据训练效果和运动员的身体状况及时对训练进行调整。

一般来说，如果运动员在竞技体操的训练过程中只是出现轻微的疲劳症状，可以采取休息、调整训练负荷、缩短训练时间等方法进行调节缓冲。但是，如果运动员在进行竞技体操训练时感觉身体状况欠佳，如有炎症或出现疲劳症状（头晕、恶心、四肢无力、心悸等）时，应立即停止训练，不要勉强。

在竞技体操训练中遵循及时调整原则要求运动员学会区分疾病性和运动性的疼痛，如果是肌肉酸疼、胀疼则不必停止训练，应尽量坚持，通过超量恢复，使机体得到进一步的改善与提高；如果是疾病性的疼痛则应及时停止练习，并及时到医院就诊。这是因为当机体状况不好时，中枢神经对身体的控制能力就会大大下降,有机体对外界环境的适应能力和有机体的协调关系也会出现失调,如果此时运动员仍然勉强坚持训练,会给身体带来不良影响。

八、竞技需要原则

竞技需要原则是竞技体操训练必须要遵守的训练原则之一,要求运动员在训练中应做到以下几点。

(1)围绕运动训练的基本目标全面安排训练。训练目标是组织好训练活动的重要依据,它全面而集中地体现着专项竞技的需要。在训练开始前,应对体操运动员的现实状态做出科学的诊断,全面分析运动员的训练条件、发育潜力、训练潜力,然后根据诊断和分析结果确定运动员经过艰苦的努力有较大的概率可以实现的目标,然后据此训练目标安排训练。

(2)正确分析专项竞技能力的结构特点。竞技体操属于以技能为主导类的运动项目,技能训练在竞技体操训练活动中占有十分重要的地位。竞技体操对身体姿势、运动轨迹、动作速度、动作速率、动作力量、动作节奏等都有严格的要求。因此,教练员应结合竞技体操的要求对运动员专项竞技能力进行科学指导,并组织运动员进行训练。

(3)结合竞技需要确定负荷内容和手段。体操的竞技能力构成的特点决定了运动员的体能、技能和心理智能的发展方向。首先,竞技体操体能训练的内容主要包括动作速度、力量、耐力、柔韧、协调能力等方面的训练,训练手段可以采用一般训练手段,也可以采用与专项相结合的训练手段。其次,在竞技体操技能训练中,训练初期应强调基本技术的训练,训练中期要着重发展难度动作技术。最后,在运动员的心理智能训练中,要重点提高运动员完成高质量成套动作的稳定性,减少运动员在比赛过程中的紧张情绪,使其能正常发挥自己的运动水平。

九、全面与专项结合原则

在竞技体操运动训练中遵循全面训练与专项训练相结合的原则是运动员进行竞技体操运动训练时获得最佳训练效果的客观要求。

实践表明,个体在追求自身的全面发展的过程中,个体身体素质的全面发展是非常重要的一个方面,因此,在长期竞技体操的训练过程中,应重视训练的全面性,并将竞技体操的专项训练与身体素质的全面锻炼结合起来,使体操运动员把已提高的身体素质保持下来,并应用到技术训练中去。竞技体操的全面训练有多种多样的手段。训练初期,可利用其他运动项目进行全面身体练习,经过一段时间的训练后,应加强与竞技体操专项技术发展关系大的内容的练习,如辅助性、诱导性以及专项基本功训练等。总的来说,在竞技体操训练初期,运动员的身体训练内容比重要多些、广些,当体操运动员具备了一定的训练基础以后,应结合专项训练的重要手段来配合竞技体操运动的整体训练,使体操运动员在全面提高运动能力的基础上着重发展竞技体操所需要的专项技能。

第三节 现代竞技体操的科学化训练系统

一、竞技体操训练系统的建立

竞技体操训练是由若干子系统组成的一项系统工程，只有每个子系统输出最佳效果，才能培养出全面的竞技体操人才。因此，竞技体操训练的各子系统之间必须科学衔接，这就需要制定科学严谨的训练计划。

竞技体操训练计划的制定是建立科学的竞技体操训练系统的重要前提和基础，是实现竞技体操训练目标的基本途径。

（一）训练计划的作用

训练计划是取得训练效益的重要组成因素，是实现训练目标的保证。从某种意义上讲，训练计划是对实践活动的预先理论设计，也是控制训练过程实现既定目标最基本的理论文件之一。

在现代竞技体操科学化训练系统中，严谨而周密的训练计划，不仅能使训练工作有条不紊地进行，还有助于教练员检查和总结训练工作，更是教练员理论思维与客观实践相结合，逐步加深对体操训练计划规律的认识，积累训练经验，提高运动员训练效果的重要工具和手段。

在现代竞技体操的训练实践中，所有的教练员都对训练计划的制定投入极大的关注。尤其是在针对青少年体操运动员的训练中，科学的训练计划的制定就显得更为重要，这是因为青少年在成长过程中各年龄段有不同的身心发育特点，因此训练侧重点不同。青少年体操运动员的科学训练是体操运动员今后成才的重要基础。

（二）训练计划的类别

按照不同的标准可以把竞技体操的训练计划进行不同的分类。如按训练计划时间跨度长短分、按训练对象人数分、按训练的不同任务分、按训练所处不同阶段分、按不同的训练内容分等。在竞技体操训练实践中，通常是按运动训练计划时间跨度，将竞技体操的训练计划分为多年训练计划、全年训练计划、阶段训练计划、周训练计划以及课时训练计划。具体如下。

1. 多年训练计划

多年训练计划是对竞技体操运动员多年训练过程的总体规划，对运动训练起着方向性的作用，该训练有时可长达十几年。

竞技体操多年训练计划的制定要求教练员一定要有战略眼光，要从总体上、发展上宏观地规划运动员的多年训练过程。多年训练计划对于年度、大周期等训练计划具有指导性的意义，但它对未来较长时间的训练活动所做的预测是框架性的，难以做到详尽具体。由于许多非可控因素的干扰，不可避免地会发生各种变化，教练员通常通过某些调整、修正措施将训练的过程控制在原有的轨道上，使其总体规划保持基本的稳定。

2. 全年训练计划

全年训练计划是以一年时间为界限，是在对情况进行详尽分析之后，提出训练目标，再按周期化理论进行安排的。全年训练的根本任务是实现由起始状态向目标状态的转移，选择最适宜的训练方案实现训练目标。全年训练计划可分为一个、两个或三个周期。每个周期都包括准备期、竞赛期、休整期。

竞技体操全年训练计划要根据运动员的基本情况，及其训练指标的现有水平来制定。训练计划的制定必须遵循运动训练客观规律（如机体训练适应性原理，超量恢复原理；训练计划的连续性与阶段性；训练过程的多变性与可控性等），以保证训练的有效性。

3. 阶段训练计划

阶段训练计划是指对一个特定的时间范围的训练安排与计划，多为 15 天至 4 个月时间。阶段训练安排通常称之为中周期。有时为了参加比赛集中训练一个阶段。

4. 周训练计划

周训练计划一般是在 7 天左右，属于训练小周期，在运动训练中有十分重要的意义。它主要是根据阶段训练计划确定本周的训练任务、每次训练的内容和运动量。

竞技体操周训练计划的制定要符合年度训练计划中的训练时期和训练阶段所规定的任务、负荷等的要求，并结合实现训练目标的需要和不同负荷后机体的反应和恢复状况进行，同时要考虑训练的系统性和各训练周之间的相互关系。

5. 课训练计划

课训练计划由半小时至 4 小时组成，是训练课的教案，是训练实践最具体的计划文件，一般由准备部分、基本部分和结束部分组成。根据训练课的任务和内容不同，可以把训练课分为不同的类型，如体能训练课、技术训练课、综合训练课以及测验、检查和比赛课等。

（三）训练计划的内容

竞技体操的训练计划类型众多，但不管什么类型的计划，都包括一些共同的内容，只是在具体的实施过程中有不同的侧重。这些共同的内容主要包括以下几个方面，即分析运动员现实状态、确定训练任务及指标、划分训练阶段确定阶段任务、规划负荷的动态变化、选用训练手段、确定各手段负荷量度、制定恢复措施等。具体来说应分以下几个步骤完成训练计划的各部分内容。

首先，分析运动员的现实状态，划分出具体的训练阶段，确定各训练阶段的具体训练任务，争取把整个训练任务和指标具体地落实到训练过程的每个阶段中去。

其次，确定整个训练过程中运动负荷，并为实现这些分段目标和总目标选用适宜的训练手段，同时确定各训练手段的负荷量度。

最后，制定恢复措施，使其作为提高体能水平不可分割的组成部分落实到计划中去。

在执行竞技体操训练计划内容时，教练员和运动员应该抓住训练重点，同时，在制定训练计划的各个基本内容中，教练员还必须规划好各部分内容的检查评定方法与时间，使训练计划符合训练实践，增加训练计划的实效性。

二、竞技体操的训练过程

训练过程是反映培养优秀运动人才的体育教育和体育实践活动过程。竞技体操的训练过程是有目的、有步骤、有组织地对体操运动员进行身体、技术、战术、心理和智力训练，不断提高体操运动员竞技水平的一种教育过程。科学把握竞技体操的多年训练过程是发现、培养优秀体操运动员的重要基础和根本途径。根据竞技体操运动员的成才过程，对竞技体操多年训练过程分析如下。

（一）竞技体操多年训练阶段划分

结合竞技体操运动员的成才过程，从运动员开始接受基础训练，到运动员竞技水平达到高峰，再到运动员停止训练的整个训练过程就是竞技体操多年训练阶段的整个过程。多年训练是运动员多年训练过程的总体规划。一般来说，对两年以上训练过程的设想、安排，就属于多年的训练计划，时间跨度甚至可长达十几年。

随着现代竞技体育的发展，竞技体操的竞争日益激烈，运动员的早期选材、早期训练、多年培养都已经成为了选拔和培养优秀竞技体操运动员的必要途径。因此，科学地制定全程性多年训练计划，科学地控制竞技体操运动员的整个训练过程越来越重要。

对于竞技体操教练员和运动员来讲，将长达数年甚至十几年的训练过程进行合理的阶段划分是一项非常重要的工作。近年来，一些学者也开始重视对竞技体操全程性训练阶段划分的研究，他们普遍认为，竞技体操运动员的全程性多年训练包括选材阶段、基础训练阶段、专项提高阶段、最佳竞技阶段及竞技保持阶段（图 5-1）。各个阶段训练任务和训练内容不同，运动负荷安排也不尽相同。

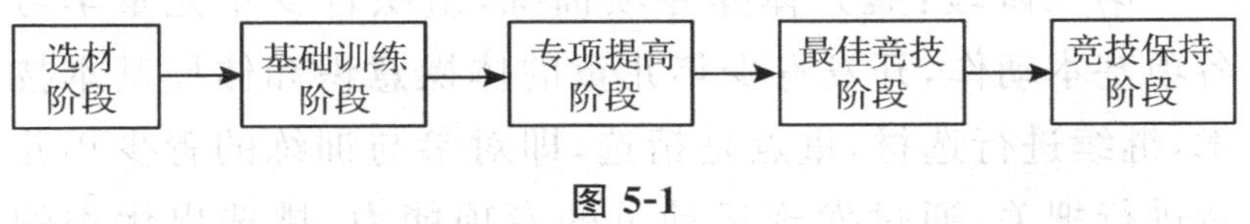

图 5-1

在竞技体操的多年训练阶段中，最佳竞技阶段是最重要的核心阶段，体操运动员在这一阶段中所表现出来的竞技水平的高低可以看作是其多年训练成果的主要评价；基础训练阶段和专项提高阶段的训练都应服从于最佳竞技阶段的训练；竞技保持阶段则可视为最佳竞技阶段训练成果的延续。

(二)竞技体操多年训练阶段内容和特点

1. 选材阶段

根据不同目的,竞技体操运动员的选材应分为两个阶段,第一个阶段主要是在大面积普及的基础上培养青少年儿童对体操的兴趣和爱好,进而发现人才。第二个阶段主要是针对优秀竞技体操运动员的专门选择。两个阶段的训练内容具体如下。

第一阶段:主要是通过各种游戏性的体操运动形式,吸引大批青少年儿童参加有一定负荷量、但以兴趣为主的体操"初选"训练。重点是培养青少年儿童对竞技体操的兴趣,注意严格控制运动量以保持儿童生理、心理的正常发育。

第二阶段:展开体操专项训练,组织青少年儿童学习各项基本动作,开发青少年儿童的体操意识和体操基本技术,继续进行选材,重点是精选,即对参与训练的青少年儿童进行把关,通过发现运动员的专项能力,挑选出优秀的竞技体操运动员。

2. 基础训练阶段

(1)训练任务与内容

竞技体操运动员基础训练阶段的总任务是发展运动员的一般运动能力,首要的任务是发展运动员的协调能力及基本运动技能,通过学习和掌握多种运动项目的基本技术、培养一般心理品质、发展基本运动素质,使运动员有能力参加初级的比赛。

竞技体操基础训练阶段的具体训练任务和内容具体如下。

①培养运动员的体操意识。体操意识是指运动员对体操运动内在规律的认识和理解,是运动员在体操训练中所逐渐形成的带有强烈的专项特点的心理素质。生理学研究表明:人的大脑在 10 岁左右基本发育完全,理解能力增强增长。竞技体操的基础训练阶段是运动员对体操运动的感性认识过渡到理性认识的重要阶段,因此对运动员体操意识的培养十分重要。教练员要有意识地引导和培养运动员认识到为什么这样做,让他们清楚每个技术要领和动作要求的基本原理和因果关系,并学会分辨技术的正误,理解动作的韵律、节奏,有意识地去体验做动作时的内在肌肉感觉。

②全面学习体操基本动作,发展基本难度。调查研究发现,体操运动员在 10～12 岁时的身体形态发展平稳,运动能力增长明显,综合反应已接近成人水平,身体机能提高较快,可承受较大的负荷。因此,该阶段是运动员全面学习体操基本动作的时期,教练员在训练中应重点把握两方面的内容:一方面,通过对运动员的培训敏锐地发现其特长与不足;另一方面,根据当前竞技体操的发展形势,分析和预见竞技体操未来的发展趋势并据此合理安排训练。

③加强关节力量的训练。竞技体操对运动员完成连续复杂的高强度动作的能力要求较高,因此运动员在训练

和比赛中关节所承受的冲撞和扭曲的强度较大，随着训练的深入，应不断加强运动员关节理论的专门训练，以避免和减少体操运动员的关节损伤。

④参加相应级别的比赛。比赛是检验修炼效果的有效途径，适时参加相应层次的比赛有助于培养运动员的自控能力和应变能力，有助于运动员正确认识和评价自我运动水平和动作技能的高低。教练员应结合运动员的训练情况安排其参加相应级别的比赛。

(2)训练负荷特点

实践表明，儿童少年运动员在基础训练阶段的负荷绝不是越大越好，而是应选取适宜的负荷。训练负荷应循序渐进，为运动员的身心健康发展和体操专项运动能力的提高打好基础，以便于其在进入专项提高阶段训练后大幅度地提高竞技水平。

3. 专项提高阶段和最佳竞技阶段

(1)训练任务与内容

竞技体操运动员的专项提高阶段致力于专项竞技能力的提高，该阶段通常延续4～6年，目的是使运动员的体能达到较充分的发展，熟练地掌握运动技术，并培养体操运动员参加艰苦的训练与激烈比赛(主要参加国内锦标赛)所必需的心理品质，使体操运动员的竞技能力接近或达到高峰，以便进入最佳竞技阶段。

竞技体操运动员在最佳竞技阶段中仍要集中进行专项训练，并积极参加各种级别的体操竞赛(主要参加国内锦标赛和国际比赛)，在适宜的比赛条件下创造优异的运动成绩。该阶段一般可延续 4～8 年，甚至更长。

竞技体操运动员在专项提高阶段和最佳竞技阶段中训练任务的内容及其序列是基本相同的。首先发展决定专项竞技能力的主导因素(如体能、技能、技战术水平等)；其次要着重增强运动素质；最后，加强训练理论的学习，提高训练自觉性。

(2)训练负荷特点

在专项提高阶段，应该根据体操运动员的不同情况明显地逐步加大其承受的专项训练负荷。例如，有些运动员的训练负荷可以逐年提高，有些运动员的训练负荷则应波浪式发展。

在最佳竞技阶段，体操运动员往往因多年承受高度负荷和高水平激烈竞赛或伤病的增加而难以继续承受大负荷的训练。因此，该阶段的训练负荷安排通常呈波浪形，有起有伏，有张有弛，目的是保证运动员以充沛的精力和理想的竞技状态参加比赛。

尽管竞技体操的专项提高阶段和最佳竞技阶段各有独立的训练任务、适用的训练方法、明显的负荷特点，但二者之间并没有绝对的分界线，它们彼此之间有着紧密的联系。

4. 竞技保持阶段

(1)训练任务与内容

度过最佳竞技年龄段后，运动员的体能会呈现下降趋向，长期的紧张训练和激烈比赛也会使其产生心理上的饱和疲劳,某些社会因素的影响还会使运动员希望退出竞技舞台。实际上,此时优秀的竞技体操运动员的竞技水平仍然很高,训练得当仍能提高竞技水平。因此,该阶段应继续提高运动员的身体素质和机能能力合理安排训练,重视关节训练,掌握好运动量,防止伤病,保持运动成绩。

(2)训练负荷特点

体操运动员在竞技保持阶段训练的负荷通常低于专项提高阶段和最佳竞技阶段,更多是按照自我感觉掌握并控制训练过程。

总之,要培养一位优秀的竞技体操运动员必须科学处理好每个阶段的具体任务,并结合运动员实际情况制定具体的训练计划(表 5-1),提高各阶段训练的实效性。

表 5-1　竞技体操不同训练阶段的任务、内容、特点和负荷

训练阶段	主要任务	主要内容	训练特点	训练负荷
选材阶段	进行优秀运动员选材	游戏性体操运动;学习基本动作	培养对体操的兴趣	严格控制运动量,不追求难度
基础训练阶段	发展一般运动能力	发展各种运动素质	循序渐进	量度适宜
专项提高阶段	发展专项竞技能力;加强训练理论学习	基本技术再加工;培养专项竞技能力	思想教育和心理训练的比重都要相应增大	逐步承受较大的专项训练负荷
最佳竞技阶段	发展专项竞技能力;加强训练理论学习	集中进行专项训练,积极参加竞赛	思想教育和心理训练的比重都要相应增大	负荷通常呈波浪形,保持明显的节奏

续表

训练阶段	主要任务	主要内容	训练特点	训练负荷
竞技保持阶段	继续提高身体素质和机能能力;对体现个人优势的难度动作精雕细刻	抓好思想教育和心理训练;注意一般身体素质训练	教练员细致地做好工作,维护运动员的威信	负荷低于专项提高阶段和最佳竞技阶段;运动员按照自我感觉掌握并控制训练过程

三、竞技体操的比赛训练

(一)影响运动员比赛成绩的因素

竞技体操运动员的比赛成绩受多种因素的影响。既有运动员运动技术水平发挥的主观因素,也包括竞赛条件、裁判员评分、对手情况等客观因素。这里重点分析以下三种影响因素。

1. 运动员竞技水平的发挥

体操运动员在比赛中所表现的竞技水平是影响其运动成绩的内因,也是最根本的和最重要的因素。运动员所表现的竞技水平的高低直接影响其在比赛中得分的高低。

2. 对手在比赛中的表现

运动员在比赛中所取得的名次,在很大程度上还受制于竞赛对手在比赛中所表现出来的竞技水平,对手得分的高低会直接影响运动员的排名成绩。

3. 比赛结果的评定

竞赛评定是裁判对运动员表现的裁定，它是影响体操运动员运动成绩的一个重要方面，它受裁判员的道德及业务水平、成绩评定手段、竞赛规则等因素的影响。其中，裁判员的公正、准确与否会对运动员的比赛成绩产生重要的影响，关键时刻，裁判员有意无意的一个误判，即使是0.05分，都会影响金牌的归属。

（二）竞技体操运动员的赛前训练

竞技体操的赛前训练应以调整体力为主，把获取良好的竞技状态列为首要任务，赛前训练应突出以下特点和内容。

1. 赛前训练突出运动员个人特点

针对竞技体操运动员进行赛前准备的直接目的是使运动员的竞技能力调整到最佳状态，以便其在比赛中发挥最高水平并取得优异的成绩。

由于运动员在年龄、性别、身体、技术及心理能力等方面存在着很大的个体差异，而且在即将到来的比赛中所承担的比赛任务也不同。因此，赛前训练应充分考虑运动员的个人情况，使训练负荷变化的时间节奏、负荷指标的内部分配等符合运动员个人特点。

2. 赛前训练与比赛日程安排一致

赛前训练是为即将到来的比赛服务的，因此，在安排赛前训练时应尽可能地考虑到即将到来的比赛日程安排，对于赛前周训练的时间、项目的轮换顺序、训练负荷变化的时间节奏等的安排要尽可能地根据比赛日程进行，以提高运动员在正式比赛中的运动水平和竞技水平。

3. 赛前训练负荷的安排要适当

实践表明，运动负荷的节奏和其内部结构的整体优化在很大程度上决定着比赛的成绩。一般来说，高水平体操运动员的赛前训练负荷应突出以下特征。首先，成套动作总量随运动等级的晋升而增长，赛前完成成套动作的数量与体操运动员运动技术水平成正比关系，体操运动员的等级越高，训练水平越高，成套动作的成功率越高，完成的成套动作数量也就越多。其次，赛前个人成套动作总量与体操运动员技术水平成反比关系。随着运动员年龄的增长、技术水平的提高，其成套动作的总量在相应范围内会呈下降趋势。因为高水平体操运动员成套动作中的高难和超高难动作比例大，运动员在完成一套动作时所承受的身体负荷和心理负荷也大，因此应适当减少成套动作总量。

（三）竞技体操运动员的临赛准备

1. 赛前准备内容

(1)思想准备

运动员的思想准备是赛前准备的重要内容之一，它会在无形中影响运动员在比赛中的发挥，必须正确对待，具体来说，应从以下几个方面进行准备。

首先，及时了解和掌握思想动态。通常，运动员在比赛前会产生各种各样的想法，尤其是第一次参加大赛的年轻选手，思想活动更为复杂。因此，教练员应在赛前及时了解和掌握运动员的思想状况，有针对性地解决，运动员也要及时、积极同教练员进行交流。

其次，树立全局观念和集体意识。对于团体比赛来讲，运动员应树立全局观念，树立集体意识，在确定队员、安排出场顺序等方面应服从教练员的安排，个人的一切行动都应服从全队整体利益。

最后，严格遵守比赛相关纪律。对于高水平的体操运动员来讲，参加世界大赛时，在比赛前熟悉比赛环境条件、了解比赛日程安排、遵守赛场秩序和纪律十分重要，它能使运动员顺利参赛，减少来自外界因素的干扰。

(2)身体准备

竞技体操运动员在赛前的身体准备包含以下两方面内容。

一方面，运动员在赛前应具备良好的健康状况，既要对已有的伤病进行有效的治疗，又要防止意外伤害事故的发生。这是保证运动员顺利参加比赛的基本条件。

另一方面，竞技体操运动员应在赛前有意识地增强专项耐力。尤其是高水平体操运动员，专项耐力要能为连续几天进行全套训练做好准备，同时又具备高质量地完成单个力量性动作或高难度动作的能力。

(3)技术准备

技术准备是竞技体操运动员赛前准备的核心内容之一,它在整个赛前准备阶段的时间比例中所占的份额最大,要重点把握技术准备的方向、成套动作的成功率。要求主要解决好以下两点。

①突出训练的强度,提高成套动作的熟练性和稳定性。

②解决好成套动作中的难点与弱点。

(4)心理准备

现代竞技体育竞争激烈,运动员的心理因素在比赛中的作用越来越重要。在高水平体操比赛中,运动员的心理准备是重要内容之一。在不同的比赛中,运动员的心理状态会有差异,因此要有针对性地进行心理准备,为即将到来的比赛奠定良好的心理基础。

竞技体操运动员在进行赛前心理准备时,应形成适应运动员能力的定向,保证必要的心理紧张度,培养必要的心理稳定性。具体可通过限制专项准备活动时间、邀请外来裁判比赛、按正式比赛规定进行训练、在疲劳状态下进行评分练习等手段来提高运动员的比赛心理素质。

(5)信息准备

竞技体操运动员在比赛前的信息准备主要包括以下内容:规则变化即最新规定与要求;对手基本信息(如年龄、实力、近期比赛表现、队员构成等);比赛环境信息,包括比赛地点、气候、时差、日程安排等。

2. 赛前准备活动类型

(1)赛台训练的准备活动

根据国际体联规定,赛事的承办者必须在赛前为各队的参赛运动员提供在正式比赛台上的练习机会,目的就在于使参赛的运动员适应实际比赛时完成动作的条件(包括室内灯光、比赛时间、场内温度等)。

因此,运动员的赛台训练准备活动具有适应性特征。竞技体操运动员在进行赛台训练时,要以"适应性"为原则,通过准备活动迅速地适应并融入新的比赛环境,减少比赛中的不适因素。

(2)赛前准备活动

竞技体操运动员的赛前准备活动具体是指体操运动员在一场比赛检录之前所进行的一系列准备活动。

一般地,根据运动员参加比赛的时间,运动员应提前1.5小时左右到达比赛场地。运动员到达赛场后不宜立即做准备活动,而应先在场边放松10～15分钟(平复从驻地到比赛场地的路上的心理活动),然后再开始进行准备活动。

运动员的赛前准备活动主要包括两个方面的内容:首先是一般性准备活动,强调各个小关节的活动;其次是专项准备活动,根据日常训练所建立的模式进行,活动的次数及每次活动的动作应尽量和平时的训练保持一致。这不仅有助于运动员在比赛中正常发挥平时的训练水平,还有助于消除运动员的赛前紧张心理。

第六章　男子竞技体操项目的科学化训练

竞技体操理论的发展与创新，其主要目的都是为现代竞技体操项目的科学化训练提供坚实的理论基础。男子竞技体操项目是现代竞技体操中的重要组成部分。本章主要对男子自由体操、鞍马、吊环、跳马以及单双杠等竞技体操项目的科学化训练进行分析和介绍。

第一节　男子自由体操训练

一、基本技术动作及训练

（一）踺子（侧手翻向内转体90°）后手翻

趋步跳起落地时身体前倾不能过多，否则会因重心压得过低，造成踺子完成后肩位置偏低，而容易出现屈膝前卷。当蹬地腿落地时，摆动腿应迅速积极向后上方摆起并与上体保持一条直线（即在手未撑地前，摆动腿就应积极上摆）。蹬地腿与摆动腿不宜过早并腿，并腿早必有制动，影响向前速度和翻转速度，所以没有必要强调在倒立部位并腿，应把并腿视为一个“自然动作”，关键强调速度。落地时采用全脚掌着地，并保持直体姿势，髋在脚之后，肩在髋之后，重心要高，两臂下沉置于腹前，双膝自然缓冲，然后做向后甩臂动作。后手翻两手撑地时，肩不能远离支撑点，脚的落地点应根据动作类型不同，因人而异，但不能离手太远，以防止跟腱过度拉长而受伤。起跳一定要立肩、直髋。这样身体重心高，对于连接后面的空翻较为有利。

训练方法：

(1)采用小山羊上跳下接踺子练习，蹬地腿落地摆动腿迅速向后上摆起。

(2)用语言来强调“先摆腿(指摆动腿)，后撑手”。

(3)采用踺子单腿依次落地，纠正“收髋的错误动作”。

(4)采用无腿山羊摆倒立，然后做身体鞭打着地跳起再落在山羊上。

(二)旋空翻

旋空翻指空翻两周同时转体360°及以上的翻腾动作。旋空翻是当前男子自由体操的主要难度之一，有团身旋空翻、屈体旋空翻和直体旋空翻。目前最高难度为直体后空翻两周同时转体720°，简称直体720°旋。一般来说，可以通过三种方法来完成旋空翻：第一周空翻完成转体，第二周单一空翻；第一周单一空翻，第二周进行空翻转体；第一周空翻先转体180°，第二周空翻继续完成转体。

训练方法：

(1)练习前空翻两周。

(2)练习前空翻两周转体 180°或 540°。

(3)练习后空翻转体 180°前空翻转体 180°或 540°。

二、专项素质训练

(一)跑步

男子自由体操时间为 50～70 秒，成套动作一般安排 4～5 串难度动作，属于有氧和无氧相结合的练习，跑的主要目的是培养速度和耐力，采用的方法主要有以下三种。

(1)400 米冲刺跑。

(2)800 米跑，提高速度耐力。

(3)2 000 米跑和适量的越野跑。

(二)下蹲和起踵

通过下蹲和起踵的训练，能够使腿部力量得到有效提高，具体的训练方法有以下两种。

(1)负重下蹲练习，下蹲时膝关节弯曲在 90°以下，次数及重量以运动员个人能力为依据而定。

(2)负重起踵练习，次数及重量以运动员个人能力为依据而定。

(三)跟腱柔韧性

男子自由体操对跟腱柔韧性的训练非常重视，跟腱柔韧性对于腿部力量的发挥,尤其是对高难度动作的发展是非常有利的,同时对跟腱的拉伤也有预防作用。

专项素质必须全年坚持,下肢训练的比重为50%,在竞赛期适当减量。训练时,一定要选择适当的负荷,采取负重全蹲、拉跟腱和提踵练习等方法,并以个人能力为主要依据确定负重时间。

第二节　鞍马训练

一、技术训练

(一)全旋训练

完成双腿全旋动作的整个过程中要求头位正、肩位正、支撑正,头部要上顶,低头不能过多,以控制重心,避免前倾。进腿时,要从侧后向侧摆开,放手晚、撑环及时;成后撑时,不收髋、臀夹紧;出环时,要顶肩侧摆开、以腿带出髋,使身体充分伸直,不外翻,避免肩部转动(图6-1)。

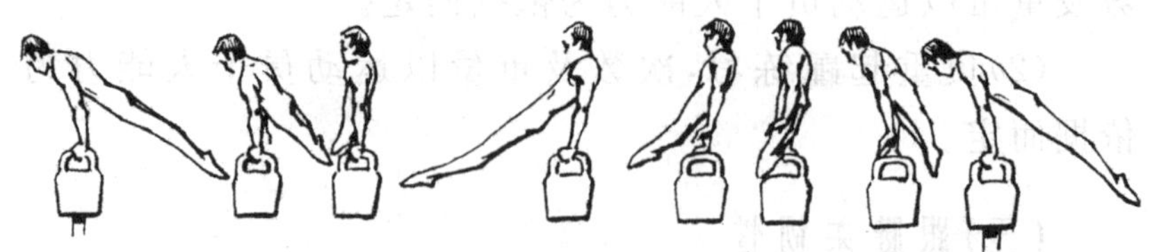

图 6-1

训练步骤:

第一步:支撑姿势训练

开法训练时一般容易忽视正确的支撑姿势。鞍马上所有动作的支撑姿势应是立腕、顶肩、直臂撑,含胸、紧腰、稍扣头。可通过立腕俯撑和仰撑、正确的环上静止后撑和正撑以及支撑小摆动配合依次推环的方法来训练。在达到上述支撑姿势要求后,再开始双腿全旋的训练。

第二步:低山羊全旋训练

此是全旋开法训练的关键一步。

(1)先用搬运法(人为的搬运或利用辅助器械),按正确的身体形态及动作部位,感觉正确的动作过程。

(2)用分解法在托持下首先掌握跳起展髋侧摆,然后按步体会过马、后撑、后撑侧摆、后撑侧摆过马的身体姿态及动作技术,其中以跳起展髋侧摆为重点。

(3)完整练习。严格达到一定的质量要求及数量要求,必须以质求量。

第三步:低马环上全旋训练

从低山羊过渡到环上要注意先练去环的马头全旋,手必须撑正,以避免肩位歪。然后过渡到带环的山羊上练习。做的全旋一定要平面圆形,绝不能上下波动,能稳定掌握后再在低马环上进行。

第四步:单环全旋训练

正确而熟练地掌握环上全旋后,可在带环的山羊上练习单环全旋,并过渡到低鞍马上进行。单环动作是鞍马难度发展的主要方向,因此在基础训练阶段必须扎实打好单环全旋的基础。与此同时,可进行低光马上的纵向“爬马”训练及低山羊上的托马斯全旋的练习。

以托马斯全旋为例。托马斯全旋的技术关键在进与出的动作过程。向右进腿时,右腿向右上方摆起稍控,使左腿进。右腿进后要远伸走平面,并充分打开腿间的髋角。出腿时左腿向上后充分向侧伸,右腿侧摆打开带动身体出马成正撑(图 6-2)。训练仍从山羊开始过渡到环上。

图 6-2

(二)典型基本技术动作及训练

1. 单环转体 180°(施托克里 B)

做时要侧伸充分,顶肩侧摆后立肩进环转体;放手要晚,撑环要及时;转体不能早,身体要压平,否则会支撑不力,造成收髋;出腿时以腿带髋,充分侧摆(图 6-3)。

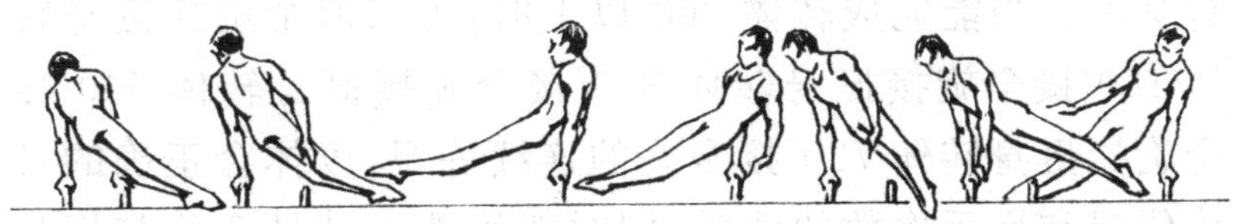

图 6-3

训练方法：训练从单环低山羊开始，以避免前后摆越器械的顾虑。运动员能够正确地完成单环全旋 10 个以上，就可以在安有单环的低山羊上学习单环转体，当在低单环山羊上能连续进行 6～8 圈时，就可以转移到低鞍马上完成，此时要注意低环山羊和鞍马上练习的有机衔接，不能操之过急，过早上马会影响技术的正确性。

2. 挺身转体（俄式转体）

应以四次换撑完成转体 360°；转体躯干控紧伸直，肩背部微圆，支撑臂充分顶直；第一把手撑在体前，第二把手支撑控制重心（图 6-4）。

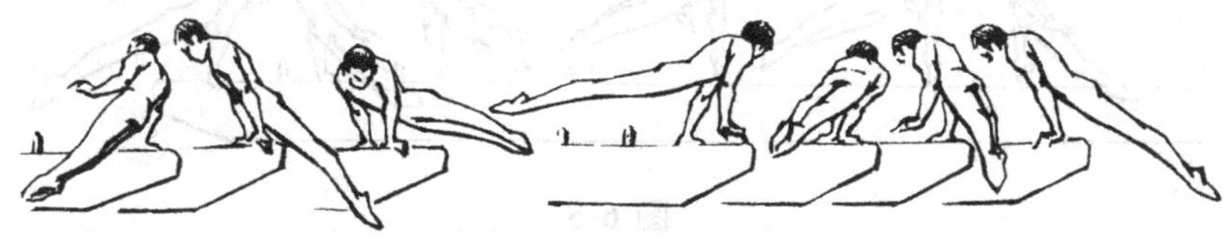

图 6-4

训练方法：学习前，运动员可首先在地上或帮助下在山羊上练习正确的撑手位置和身体姿势，然后在山羊上进行练习。当能完成转体 360°以上时，可采取全旋接挺身转体 180°接全旋接挺身转体 360°接全旋接挺身转体 540°接全旋接挺身转体 720°接全旋的连续练习，以体会正确的身体位置和换手次数的感觉，同时能培养运动员全旋与挺身转体之间的转换能力。当运动员熟练地掌握了上述练习后，就可以在鞍马上练习。

3. 纵向前移和后移

全旋要求充分伸展，进时侧伸不收髋，出时充分侧摆开。移撑要及时有力。尤其上环时要充分跟肩、立肩，下环要顶住肩。移位过程要控制全旋不走样，以保证身体重心稳定地随之向前或后移动(图 6-5)。

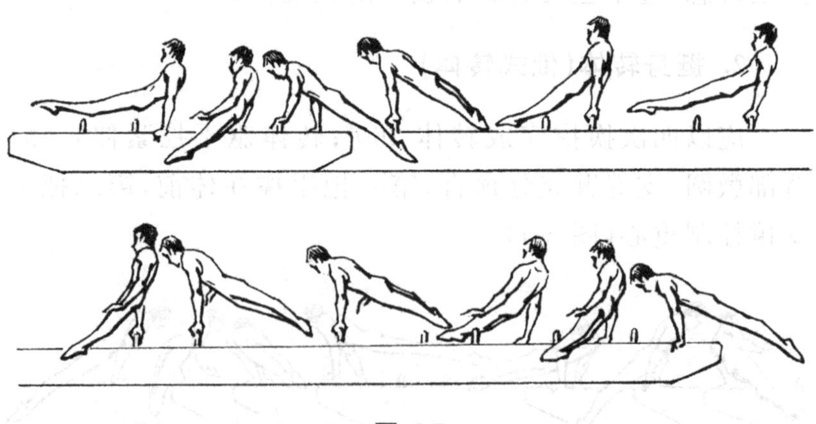

图 6-5

训练方法：在熟练地掌握第一阶段“爬马”的基础上，可以开始训练单环马的纵移，主要掌握纵移上环及下环的技术，待熟练掌握后，再练习远单环的上环及下环接远端背马头全旋。一旦分别掌握近单环及远单环的上环下环技术,就可以进行完整的近端至远端的纵向前移练习。熟练后根据运动员的特点,继续发展各种不同形式的纵向前或后移,并逐渐增加往复次数。

4. 全旋沿纵轴转体

全旋时身体充分伸展,使髋部远离支撑部位;转体紧腰,推手快而有力,翻身要迅速。当今潮流的纵轴转体动作,是以托马斯形式完成的"打滚",俗称"托马斯打滚"。关键是要求侧摆不收髋,以髋带转动,进腿时手形稍外翻后撑,推撑快速有力,感觉上成为跳手做(图 6-6)。

图 6-6

训练方法:"开法"训练时,首先在地上或帮助下在器械上进行支撑和身体翻转的配合练习,有一定感觉后,在山羊上先进行全旋内转 90°+90°+90°+90°的练习,在熟练掌握后,可过渡到 180°+180°,完成360°转体。在山羊上能熟练完成 3～5 圈后再上马进行练习。

二、素质训练

（一）支撑力量的训练

（1）在地上做手支撑位置靠近腰部，保持肩在支撑点前（和后）的俯撑和背撑静止练习。要求顶肩、含胸、直体紧腰、紧臀，尽可能地静止较长时间。

（2）俯撑、背撑爬行或双杠支撑行走，身体姿势要求同上。能力增强后可以负重进行。

（3）环上支撑中做屈体、屈腿前后摆越。做时速度均匀缓慢，靠顶肩、提背进行。

（4）爬马练习。支撑时肩顶起，含胸。直体控紧腰、臀，沿马横向垂直爬行，逐渐增加爬行的圈数。

（二）腰腹控制力量训练

1. 仰控平衡

稍含胸圆背，两手抱头，稍屈髋、紧腰，仰坐在山羊或体操凳或地上，保持静止平衡，尽可能地延长控制时间。也可以静止和上下打腿相间练习。

2. 背支撑仰卧斜控

仰躺在地上或凳上，两手颈后握固定的器械，起腿，使身体含胸直体成肩背部支撑，静止在45°左右。也可以经屈伸成肩背部支撑的斜控平衡，静止数秒后再重复，动静结合，连续进行。

3. 斜靠倒立

两足尖顶在墙或肋木上，身体倾斜约45°，两手直臂支撑，肩稍前倾，成半倒立，逐渐延长静止时间。

（三）支撑耐久力的训练

1. 第一阶段的耐久力训练方法

（1）在开法训练时期，力求逐渐增加连续上器械的次数，减少间隙时间。

（2）进行大数量的连续全旋是耐久力训练极有效的手段，因此在掌握低山羊全旋后，即以极限数量的全旋来进行耐久力训练。但训练时要注意确保全旋不走样。

2. 第二阶段的耐久力训练方法

（1）大数量的环上、马头全旋，甚至单环全旋练习。

（2）连续进行在光马上的纵向前或（和）后移，逐渐增加往复的次数。

（3）连续进行已掌握的单一转体动作。例如在山羊上连续进行180°转体，单环上连续进行单环转体等。

3. 第三阶段的耐久力训练方法

（1）马上三部位的连续移位练习，例如连续进行不同形式的纵向前或（和）后移，逐渐增加往复次数。并可根据训练水平逐渐增加难度，这样既训练了耐力也提高了技术和能力。

（2）保持全年成套自选架子或成套自选动作练习作为耐久力训练的内容，这对高水平的运动员极为重要。

（3）在技术能力、素质允许情况下，可采用架子套或成套“二合一”的训练方法。

第三节　吊环训练

一、基本技术动作及训练

（一）悬垂摆动

悬垂摆动时，身体始终要伸直，前摆至最高点时含胸，通过两手顶环尽量将肩角拉开，保持良好的支撑感，脚面远伸，肩始终保持顶直姿势，要有锁住肩往下沉浪的感觉，防止漏肩、泻浪。

前摆时的“沉肩兜腿”和后摆时的“沉肩鞭打”技术是摆动中的动力核心。为此，沉肩时身体放松，头保持在两臂之间，强调晚发力和充分下沉的用力方法，达到用力效果。后摆时撩腿要快速有力，同时肩下压成半转肩状态，避免起肩。先上腿是技术的关键，至最高点稍含胸、微抬头，压环起肩使整个身体高于环面。后摆下落接前摆时，向前顶环，两腿后伸，拉长身体进入下摆，这种“半转肩式”的技术对学习向前大回环是非常有效的。

悬垂前后摆动，身体一定要紧张、伸直，手臂不能弯曲，感觉肩关节在环的上面。要避免只是身体摆动而肩部不动的错误。另外要掌握好前后摆动的时间概念，否则容易产生环的摆晃、摆荡。总之，悬垂摆动是吊环最重要的基础技术，一旦留有隐患将影响运动员今后的成长。

训练方法：学习悬垂摆动可先采用小摆动，体会动作过程和用力的时机。有了正确技术基础之后，用保护手带，在助力下体会大幅度摆动。除注意摆动技术外，还要培养正确的身体姿势。注意头部、胸部、膝盖、脚面的姿态，尤其膝关节不要太松，以免影响鞭打效果。吊环悬垂摆动比其他项目摆动的力量要求要高，故应加强力量能力的培养，这样动作的规格和熟练程度才有保证。

（二）向前、向后高转肩

向后高转肩由悬垂摆动开始，前摆时，向后上方兜腿，接着沿握点迅猛向后上方伸出，同时两臂积极分压环，使身体向上腾起。当肩和身体升至环上时，含胸压环并主动向前推环。注意不要过早抬头。肩要充分顶开，身体远伸，随之大摆落下成悬垂。

向前高转肩由悬垂摆动开始，身体回摆接近垂直部位时含胸沉肩，过垂直部位后，向后上方迅猛摆腿。注意摆腿要充分，肩部成半转肩式。当身体后摆接近吊环水平部位时，直臂、抬头分压环直至环上垂直部位。经前翻时，身体伸直，肩要顶开，有支撑感，否则下摆时，容易出现漏肩、泻浪的错误。

训练方法：

运动员在学习向后高转肩之前，应多做些辅助练习，如教练员帮助运动员在地上做后转肩，或在低环上帮助者托练习者胸与腿，使其停留在“飞机”姿态上；也可采用高环上练习后转肩，让身体落在叠高的海绵包上，使练习者体会向上腾起、伸髋、压环的感觉。

同样，向前高转肩在上环练习之前，也应多做些辅助练习，如低吊环上起倒立，稍开环、顶肩、前翻做身体仰卧海绵垫的练习和俯卧垫上，抓住低环，在助力下压环成倒立，以体会顶肩、压环的感觉，具有明显的效果。

（三）向前、向后大回环

由于“窄环”下摆时肩不容易充分打开，手里较空，容易砸浪，半径拉得长，容易出现环的摆荡，更主要的是影响难度下法的完成，因此，许多优秀运动员又改为“宽环”技术来完成向前、向后大回环。

向后大回环下摆阶段是获得摆动动力的关键。从手倒立开始下摆，身体必须伸直，同时直臂“宽环”顶肩。开始下摆时脚要先走，向上顶肩，当身体下摆“失重”后，两臂积极向前推环，稍抬头、出胸，充分拉开肩角。接近垂直面要充分“沉肩”，过了垂直面，两腿立即进行鞭打式的向上“兜腿”。兜腿后持续向上加速，这是技术的关键。随着身体快速上摆而向后侧引环，然后向两侧压环成倒立。

下摆时背弓过大会出现挺胸、塌腰、肩角打不开的错误，产生砸浪，影响摆动力量。到垂直面时，沉肩要充分，兜腿要晚，否则上摆时会出现挺胸塌腰，倒立容易前翻。这种错误如果出现在接下法时，会造成翻转不足而趴地。

向前大回环从手倒立开始下摆，身体必须充分伸直，感觉上先走肩，同时环滑向两侧，梗头顶肩，脚远伸，手腕外翻。感觉如做单杠向前大回环，手里始终有个固定的支撑轴。向下摆动时，尽量保持较大肩角，同时梗脖低头，含胸展髋，脚向前伸，防止漏肩、泻浪。过垂面时沉肩要充分，向后甩腿要晚，先上腿，肩成半转肩状态，避免急于起肩。当两腿后摆上至倒立部位后，两臂向侧下压环，起成倒立。采用半转肩式的技术，有利于向前大回环的完成。前翻时滚肩背弓太大，或是下摆时漏肩、收髋，都将影响向前大回环的完成。

训练方法：

(1)向后大回环可用低吊环倒立“宽环”下摆，打开肩角，俯卧在海绵包上，或握低环仰卧，在助力下完成两臂向两侧压环成倒立。

(2)向前大回环可用低吊环倒立“宽环”前翻，少年运动员学习大回环应以正确技术为主，不必过于强调独立完成动作的数量。应多用辅助练习和多在帮助下完成动作。

(四)手倒立

吊环倒立要求肩顶开，身体保持顶直姿势，两环稍外翻，手臂不能靠碰吊环带。

训练方法：

(1)一般从辅助练习开始，常使用倒立架或小三角形的倒立架做靠墙倒立，以渐进式加长靠倒立时间的方法，达到增强肩带的力量和控制能力的目的。有了基础再上环练习，确保倒立的正确身体姿势和动作质量。

(2)在吊环上练习，一开始采用分腿脚外侧靠绳倒立是为了学习和运用外翻环技术创造条件，使之从开始即养成翻腕不靠带的习惯，同时也是在能力不够的条件下能在正确姿势情况下停止较长的时间。另外，也可用橡皮带或绳带放在环上面，脚靠带进行练习。但吊环倒立无论是采用哪种方法都要以正确技术为前提，逐步增加其控制能力，做到不会轻易变形和摇晃。

(3)可先在倒立架上或在低吊环上练习直臂屈体慢起倒立。有了基础后，可过渡到并腿屈体慢起倒立，因为并腿比分腿用力强度更大些，对增强腹肌效果会更好，然后再过渡到直臂直体慢起倒立的训练。

二、难度技术动作及训练

(一)支撑后翻前摆上——李宁2

支撑前摆开始，两腿加速向上兜腿、翻臀，同时两臂向下压环、顶肩、含胸、梗头。当臀部过垂线后，肩稍后移，向后上伸腿展髋，两臂用力向内夹紧向下压环，要有支撑感；下摆过程中，脚要远伸，肩要拉开，两臂夹紧，身体充分下沉。过垂直部位后向上兜腿，两环稍外分，手臂经外旋向内压环,抬肩成支撑(图 6-7)。

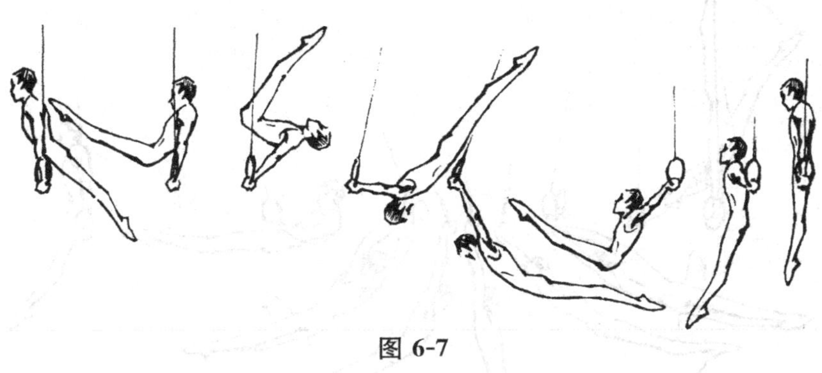

图 6-7

训练方法:在低环帮助下完成后翻成后悬垂落在海绵包上,掌握正确的后翻技术,再过渡到高环上练习,体会拉开肩角和身体充分下沉的肌肉感觉。另外,在助力下练习后悬垂前摆上成支撑,掌握手臂外旋,向内压环,抬肩上成支撑的技术。然后可以进行完整练习。但在练习中要加强保护与帮助,防止由于砸浪而拉伤肩部。

(二)倒立下摆转 180°再转 180°前摆上

由倒立下摆开始,当身体失重心后,迅速交叉环并转体 180°,转体的同时肩要向前顶环,脚尖远伸完成转体的速度要快,防止边下浪边转体,过垂直面后摆腿,同时向相反方向转体 180°,压环振肩成支撑。在 180°转体时加大肩的振幅,减少环的左右晃动(图 6-8)。

训练方法:通常情况下,会采用悬垂摆动体会动作技术,在此基础上通过帮助进行完整练习。

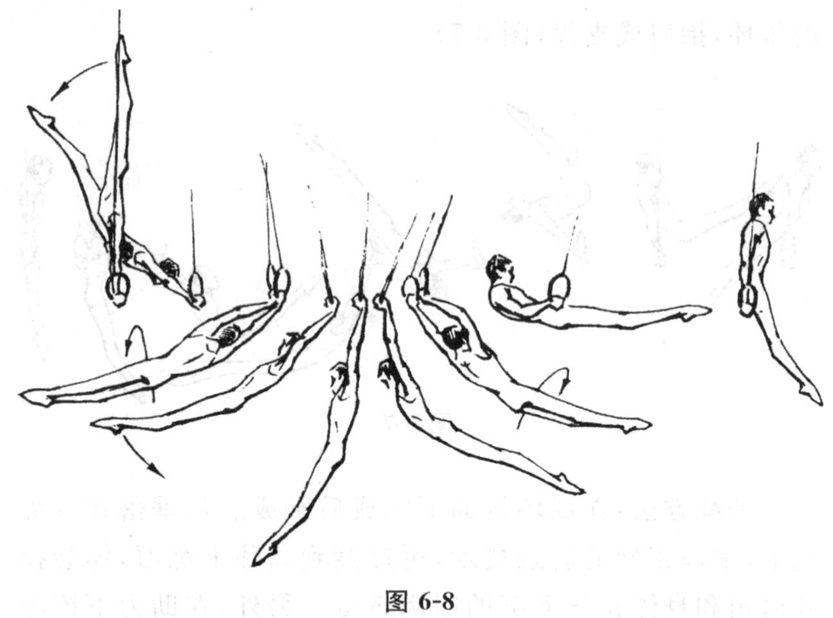

图 6-8

(三)团身后翻两周成悬垂前摆(古佐基)

由倒立开始下摆,脚尖远伸,将身体尽量拉长落下至悬垂,当下摆接近垂直部位时,充分向下沉肩、沉胸,然后向前上方兜腿、抬头、团身、提背稍分环,使身体在环平面上进入回环状态。当第二周回环至水平时,伸腿展髋,两臂分开成悬垂前摆(图 6-9)。

训练方法:在熟练掌握倒立下摆与直臂翻上的技术基础上,开始学习动作的后半部分,可以在低环上经助力完成支撑团身后翻分环成后悬垂落在海绵包上。在正确掌握技术的基础上进行完整动作练习。开始时,必须进行保护与帮助,防止砸浪引起脱手。

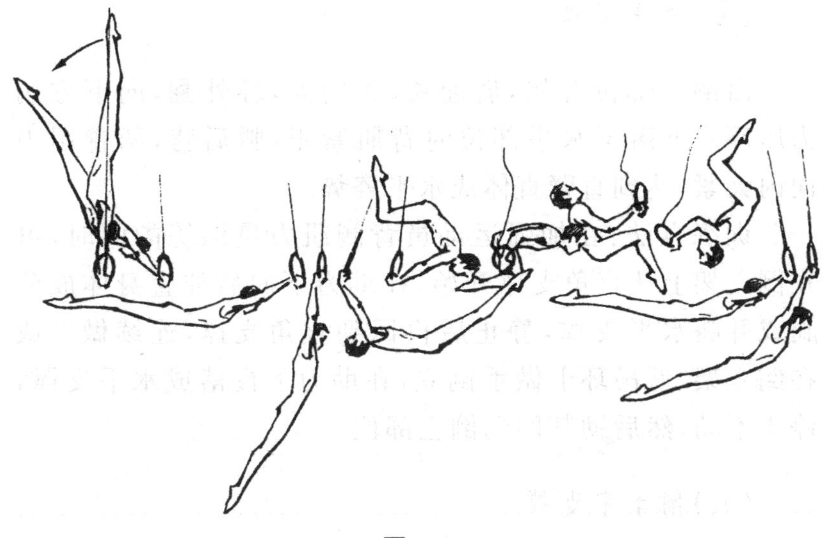

图 6-9

(四)十字支撑

当支撑下落时,两臂伸直深握环并用力向下压环,当身体落至肩与环成水平部位时,稍含胸,全身伸直,两臂内旋锁肩扣腕,达到肩与环在一个水平面上。

训练方法:

(1)可以通过负重卧推练习,发展三头肌和胸大肌力量;经屈臂向上引体,发展二头肌力量。

(2)可用低吊环俯撑或背撑压十字、停十字。当前用得较多的是前臂套环带压十字、停十字,这主要能减轻肘关节负担,防止慢性损伤。

(五)水平支撑

由倒立部位开始，肩前移，头向前，环外翻，向下方用力压环。下落至水平部位时背肌紧张，腿后背，两臂用力向内夹紧，达到直臂直体成水平姿势。

训练方法：在加强运动员背阔肌力量训练的同时，可在倒立架上从直角支撑开始，在助力下向后伸直身体成分腿或并腿水平支撑，静止后再回到直角支撑，连续做。或在倒立架、低吊环上做手倒立，在助力下慢落成水平支撑，停止不动，然后助其回到倒立部位。

(六)倒十字支撑

从手倒立下落时，两臂伸直用力压环，身体落至肩与环在一个水平面部位时，要扣腕保持平衡，防止前翻。

训练方法：利用滚动哑铃在助力下练习倒十字支撑及还原，也可以在高双杠的杠端上置一低吊环，帮助者位于杠上，扶其腿部完成停止倒十字及倒十字压上；同样也可置距地面 30～40 厘米的低吊环，在扶持下练习倒十字。在做这一练习时要求运动员重心稍后，防止前翻。以上练习主要是增强直臂内收力量及提高倒十字静止控制能力。

第四节 男子跳马训练

一、基本技术动作及训练

(一)水平类动作

助跑最后一步的速度要快。上板要低而快,踏跳短促有力,在两腿蹬伸的同时两臂向前上挥摆,摆至肩水平部位立即制动前伸,这样既能加强踏跳的支撑反作用力,又能增加下肢的运动速度,加快身体的翻转。踏跳结束时水平类动作的蹬离角一般来说较翻转型动作小,为73°~79°(注:蹬离角是蹬离板瞬时身体重心至脚支点投影线与支点水平线前夹角,以下同)。

水平类动作第一腾空两腿的后摆既要快速又要有制动,摆腿的方向是后上方,脚摆过头的水平位置即可;在摆腿的同时两手积极主动撑马,肩角拉开147°~157°;撑马一瞬间肩的位置离手较远,两臂与马水平面夹角为47°~55°。

顶肩推手要迅猛有力,两手垂直向下"扒马",推手时间为0.11~0.15秒,推手特点是肩角缩小,推手同时两腿制动明显,髋关节微屈。推离马时肩的位置不能超过手支撑点的垂直面,推手后两腿继续制动,同时立上体,身体充分伸展,然后两腿前举准备落地。

训练方法：

(1)用 3～5 步助跑，踏跳后做两腿后摆扶马练习。要求手撑在肩前，身体拉开伸直，然后支撑落地。

(2)地上俯撑，脚蹬地两腿后摆，推手后成屈体站立。

(3)在上一练习的基础上，推离马挺身落地。开始练习时可加助力，保护者一手托练习者腹部一手托腿，帮助运动员体会抬上体挺身动作。

(4)把摆腿和推手结合起来练习。用高垫子或马后放置高垫子(同马高)，通过助跑和踏跳后两手撑马，两腿后摆(不宜过高)，然后推手屈髋分腿或并腿站立在垫子上(开始可在助力下完成)。

(5)连续做俯卧撑推手击掌(脚的位置逐渐升高至肩平)。主要训练推手顶肩力量。

(二)前手翻类动作

前手翻类动作发展很快，动作难度越来越大，助跑水平速度相应也要快一些，一般要求达到 8～8.6 米/秒。上板要快而有力，上板距离要适宜，要把身体重心蹬上去。踏跳要短促有力，踏跳时间为 0.08～0.11 秒，踏跳同时两臂迅速前摆，并尽快前伸扶马，蹬离角为 74°～82°。

踏跳后迅速向前上方摆腿，一直持续到推手阶段，脚的最大运动速度可达到 13 米/秒～15 米/秒，特别是前手翻前空翻类动作，摆腿更为猛烈，身体呈反弓形。在摆腿的同时积极撑马，第一腾空时间要短，大约为 0.22 秒。第一腾空身体重心抛物线的运动方向是逐渐上升的。撑马时身体超过肩水平位置越高越好，推手要迅猛有力，垂直向下“扒马”，顺势推手，既要防止肩关节“顶死”，影响身体的翻转速度和水平速度；又要防止肩关节前冲，影响第二腾空的高度。推手时间很短，为0.18秒左右，推手同时制动腿不明显，身体变直，髋角减小，肩角增大，基本上在倒立部位结束推手，肩关节处于支点的垂直位置，推离角为90°～98°（注：推离角是指推离马瞬间身体重心至支点投影线与马水平面后夹角，以下同）。

推手后第二腾空身体重心抛物线高度要比水平类动作高，重心最高点距离地面的高度可达到2.73～2.83米，甚至更高一些，这就为发展更多的高难复杂动作创造了有利条件。

训练方法：

（1）在弹网上做起跳迅速摆腿翻成手倒立的练习。主要体会快速摆腿—下翻成手倒立的空中概念，要求摆腿时身体尽量伸直。

（2）地上做手倒立推跳落在高10～20厘米的垫子上，训练顶肩推手的力量。

（3）在上一练习的基础上，跳高垫子或马后放置高垫子（同马高），助跑踏跳后快速摆腿，两手撑垫子或撑马成手倒立，然后前滚翻，要求踏跳后身体翻成手倒立要快，要到位。

（4）马后放置高海绵垫（同马高），助跑踏跳和推手后躺在海绵垫上（注意梗头身体直）。

(5)面向海绵坑放置踏跳板，助跑踏跳后做直体前空翻，训练后摆腿的速度和力量。

(6)马后放置高海绵垫(比马低)，助跑、踏跳和推手后站在海绵垫上，海绵垫可逐渐加高，甚至超过马的高度。

(三)侧手翻类动作

踏跳后在加速摆腿的同时从头肩开始迅速转体90°(实际上在蹬离板瞬间已开始转体)，在0.16～0.20秒腾空时间内积极主动撑马，第一只手撑马时肘关节弯曲，肘关节角度为70°～90°，这时身体位置高于肩水平。紧接着第二只手向前侧下方迅猛有力顶肩推手，注意顺势顶马，肩不要“顶死”，两手依次撑马，但间隔时间极短，间隔距离不宜过宽，整个推手时间较前手翻类动作长一些，一般为0.18～0.26秒。推手结束时身体在倒立位置或侧起倒立位置，推离角为75°～91°。如果做家原类动作，继续转体90°，两手几乎同时推离马。如果做笠松类动作，两手依次推离马，推离角较小。需要强调的是，推手后进入第二腾空，如果只做空翻，要注意立肩抬上体，同时兜腿，两臂向躯干靠拢，以加快身体的翻转速度；但如果在空翻的过程中还要加转体，那么就应该注意转体时机，通常来说，是在推离马立肩的瞬时开始转体的。

训练方法：

(1)先完成高垫子或纵跳马侧手翻动作，要求侧起倒立、撑马推手要快。

（2）在上一练习的基础上做侧手翻转体90°的动作。

（3）在上两个练习的基础上做侧手翻转体90°推手后站或躺在马后放置的高海绵垫上（海绵垫先低于马，然后逐渐高于马）。

（4）有帮助的情况下在海绵坑做完整动作，按照团身、屈体、直体后空翻及其转体动作的顺序进行训练。

二、高难潮流技术动作及训练

（一）前手翻直体前空翻转体540°

快速助跑。踏跳短促有力。踏跳后迅速摆腿，髋角明显增大，身体呈反弓形，同时积极主动撑马。顶肩推手迅猛有力，垂直向下"扒马"，顶肩推手过程中制动腿不明显，身体由反弓形变直，在倒立部位推离马。推手后留腿稍屈髋，当上体翻转到接近1/2周时，迅速伸髋同时以头肩带动两臂胸前屈抱转体540°，转体时身体伸直，当身体翻转一周，同时快转完540°时伸开两臂，减小旋转角速度，准备落地（图6-10）。

训练方法：

（1）熟练掌握弹板或弹网屈体前空翻和直体前空翻转体540°。

（2）先较好完成跳马前手翻屈体前空翻转体180°。

（3）在帮助下做完整动作（先在海绵坑做）。

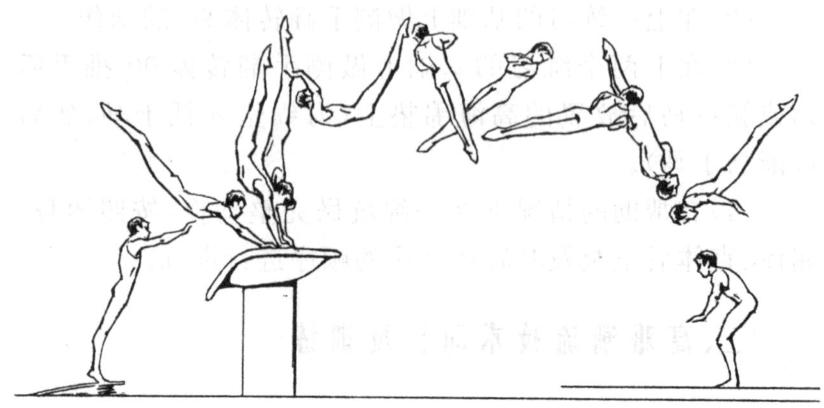

图 6-10

(二)前手翻团身前空翻两周

助跑速度快。上板快而有力。踏跳迅猛有力，蹬离角为 75°～82°。离板后加速摆腿，形成背弓，髋角增大，达到 224°～236°，在重心抛物线上升的过程中积极撑马。快速顶肩推手，垂直向下“扒马”，推手同时制动腿不明显，推手结束时身体基本上在垂直位置，身体伸展，推离角为 75°～91°。推离马后迅速团身抱腿，第一周是在重心抛物线上升的过程中完成的，第二周虽然在重心抛物线下降的过程中完成，但翻转速度大于第一周，并在马水平面 1 米以上的位置完成，翻转两周后当上体由头朝下向上翻至水平位置时开始伸髋放腿，尽量伸展身体减小旋转角速度，准备落地(图 6-11)。

图 6-11

训练方法：

(1)熟练掌握弹板或弹网或踏跳板团身前空翻两周。

(2)马后放置海绵垫(稍高于马)，做前手翻团身前空翻一周站垫或 $1\frac{1}{4}$周俯撑海绵垫上。

(3)在帮助下做完整动作练习(先在海绵坑做)。

(三)侧手翻直体侧空翻转体 630°(直体笠松 360°)

快速助跑，上板快而有力，踏跳短促有力。踏跳后迅速转体 90°同时加速摆腿积极撑马，腾空时间短，重心抛物线逐渐上升。第一只手撑马时屈肘(肘关节角度约 90°)，整个身体高于肩水平位置，紧接着第二只手迅猛有力向前侧下方顶肩推手，注意肩不要"顶死"，两只手撑马的间隔时间极短，间隔距离不宜过宽，基本上在侧倒立部位推离马。推离马后以头肩带动，两臂屈抱帮助身体纵轴迅速转体,纵轴转体平均角度为 11.97 弧度/秒,当身体翻转一周快转完 630°时伸开两臂减小转速准备落地(图 6-12)。

图 6-12

训练方法:

(1)熟练掌握弹板或弹网直体后空翻转体 720°。

(2)先完成侧手翻直体侧空翻转体 270°(直体笠松)。

(3)在帮助下做完整动作练习(先在海绵坑做)。

(四)侧手翻转体 90°团身后空翻两周

快速助跑。踏跳短促有力,重心垂直速度明显增加,踏跳时间约为 0.09 秒。踏跳后加速摆腿的同时转体 90°并积极主动撑马,第一腾空时间约为 0.15 秒。第一只手撑马时肘关节弯曲,前臂几乎与马面平行,然后第二只手向前侧下方迅猛有力顶肩推手,注意肩不要“顶死”,同时转体 90°,在倒立部位推离马。推手后在向上立肩同时迅速团身抱腿,以加快身体的翻转速度。研究表明,第二周比第一周团得更紧，翻转速度更快。要完成好此动作，身体重心腾空最高点至地面的距离至少应达到 2.70 米以上，腾空时间约为 1.16 秒以上。身体翻转两周之后，当上体由头从下向上立起时迅速伸展身体减小翻转速度准备落地(图 6-13)。

图 6-13

训练方法：

(1)熟练掌握弹板或弹网团身后空翻两周。

(2)马后放置高海绵垫(高于马 0.5 米)做侧手翻转体 90°团身躺在海绵垫上，以提高顶肩推手力量。

(3)马后放置高海绵垫(同马高)，做侧手翻转体 90°团身后空翻一周站或 $1\frac{1}{4}$躺在海绵垫上。

(4)在帮助下做完整动作练习(先在海绵坑做)。

(五)踺子后手翻直体后空翻转体 720°

快速助跑，踺子推手后积极主动向后下方打击踏板。

踏跳短促有力，蹬离板时身体略微后屈。离板后快速向后摆臂，向后翻转要快，腾空时间要短。撑马后顶肩推手要迅猛有力，推手同时屈髋摆腿身体由反弓形变直，推离角为 94°左右。推离马时开始转体，离马后两臂向胸腹前屈抱以加快转体速度，当身体向后绕横轴翻转一周之后绕纵轴转体至 630°时迅速伸开两臂减小转速准备落地(图 6-14)。

图 6-14

训练方法：

(1)熟练掌握弹板或弹网或技巧直体后空翻 720°。

(2)熟练掌握踺子后手翻直体后空翻和转体 360°技术。

(3)在帮助下做完整动作练习(先在海绵坑做)。

(六)踺子转体 180°前手翻屈体前空翻

快速助跑，踺子推手后积极有力踏跳，踏跳时间为 0.15 秒，踏跳蹬腿同时发动转体，两臂由前举摆至上举，蹬离板时身体已转过 90°，重心已越过脚支点垂线，蹬离角为 80°左右。踏跳后在积极摆腿的同时继续完成转体 180°的动作，腾空时间要短，为 0.22 秒左右。顶肩推手要迅猛有力，垂直向下“扒马”，推手时间要短，为 0.18 秒左右，推手同时制动腿不明显，身体在倒立部位推离马。推手后跟肩迅速屈髋抱腿。翻转一周后放腿并伸展身体准备落地（图 6-15）。

图 6-15

训练方法：

（1）高垫子（同马高）做踺子转体 180°成垫子上手倒立。

（2）高垫子（同马高）做踺子转体 180°前手翻团身前空翻。

（3）马后放置高海绵垫（同马高）做踺子转体 180°前手翻推手站在垫子上。

（4）过渡到马上在帮助下做完整动作练习（先在海绵坑做）。

第五节　单双杠训练

一、单杠训练

（一）向后大回环

1. 下摆沉浪阶段

从倒立位开始，直臂顶肩，充分拉开肩角，至杠水平面时，髋逐渐打开，成体后屈，至杠后下约 45°时，充分向前下沉肩，这样有利于鞭打振浪。

2. 振浪阶段

下摆至垂线时，胸髋完全打开，直至前下约 45°时再做振浪兜腿动作。兜腿时，实际是做兜躯干动作，屈的位置在胸部，并不在髋部，如果兜腿位置不对，则不利于越杠和下法的高、飘、稳。兜腿时还要注意肩的走向，即肩要继续走，因为肩位越高，越杠时空翻就越高，反之就会影响空翻高度。

（二）向后"盖浪"鞭打振浪

从倒立下浪到垂直部位与前述向后大回环相同。身体摆过杠前下方 45°后，向杠后上方快速兜腿，同时做含胸、拱背、顶肩动作，身体不经过倒立部位而使身体重心迅速到达杠后上方 45°～30°，髋角、肩角均呈 135°左右，两手稍扣腕握杠（展髋再翻腕推杠、顶肩），并迅速下落（打开肩、髋角度）时间和位置视后面连接的下法及动作不同因人而异。原则上比其他振浪技术的展髋时间要早一些，速度要快而猛。肩、胸、髋要充分展开，出大背弓，一直下沉到垂直面。兜腿的时间和方向要以所连接的动作为依据来确定。

（三）向后大回环连接下法

（1）下法的沉浪是在杠后下 45°左右，沉浪过杠下垂直位置后就可以用力兜腿。

（2）下法的关键技术在于上脚与走肩的动作要做好。即兜腿和走肩的方向，强调脚可以稍向后走，肩最好能在水平线上向前走肩，身体和手臂几乎成直角，身体重心应在杠水平面上，这样对身体的旋转是非常有利的。

（四）后空翻越杠

（1）后空翻越杠动作是现在单杠技术中比较流行的一类动作，向后大回环在杠后下 45°左右开始沉浪，前摆过垂线后开始兜腿。

（2）放手时机应在杠前上 50°～60°，自我感觉是脚向天花板上走，同时做立肩翻背动作，这样就有利于空翻的高度和翻转速度，有利于高质量地完成空翻越杠动作。

训练方法：

(1)利用滑车保护带做直体空翻越杠一周，体会脚的方向、立肩、翻背的位置。

(2)熟练后可以在海绵坑里垫包完成直体一周站在包上(向后跳下)，同时体会脚的方向、立肩和翻背的位置。

(3)利用滑车保护带完成完整动作。

(五)特卡切夫腾越——前摆分腿腾越或悬垂

1. 下摆阶段

由倒立位开始，下摆时身体并不过分向后远伸，而是脚快速向下，稍屈体，犹如向下扣，以便做好鞭打振浪的准备，至杠后下约45°时，伸展身体充分沉肩，髋快速前送，小腿协调放松(图 6-16)。

图 6-16

2. 上摆阶段

摆过杠垂直位置，快速向上兜腿、含胸、留肩，髋角急剧变小，当脚上摆至杠上 45°左右时，两腿迅速制动，同时充分展髋挺身，快速急剧地向上振胸顶肩，形成最大背弓，随即放手进入腾空过杠，准备握杠。

3. 腾越阶段

放手瞬间，积极主动立肩，稍含胸拱背、提气，向前梗头，目视单杠，向后分腿腾越过杠并在身体下落时主动伸手握杠，下摆完成动作。

训练方法：

(1)利用手腕保护带做小摆幅摆动，反复练习体会振浪兜腿技术。然后进行支撑大摆练习，在完成振浪兜腿后随即做出背弓，接回摆反复练习。这时不需全力进行，主要是体会该动作不放手的前半部技术及各环节的协调配合。

(2)利用滑车保护带，体会鞭打振浪、振肩、出背弓制动腿，随即放手立上体，但不过杠。

(3)在保护带保护下做过杠动作，若允许应及时主动握杠，完成完整动作。

(4)最后在海绵坑中独立完成。

(六)屈体正掏

下摆时，要求充分的顶肩、含胸，重心远离握点，成屈体形式。开始下摆过程中，稍留肩，进腿稍晚(当下摆至水平位时再迅速进腿)。接近垂直面时，身体要充分下沉，且沉于肩胸。摆过垂面接近水平位时，直臂用力拎杠，加速屈体上摆，当接近垂面时出腿、伸髋并有制动，成倒立(图 6-17)。

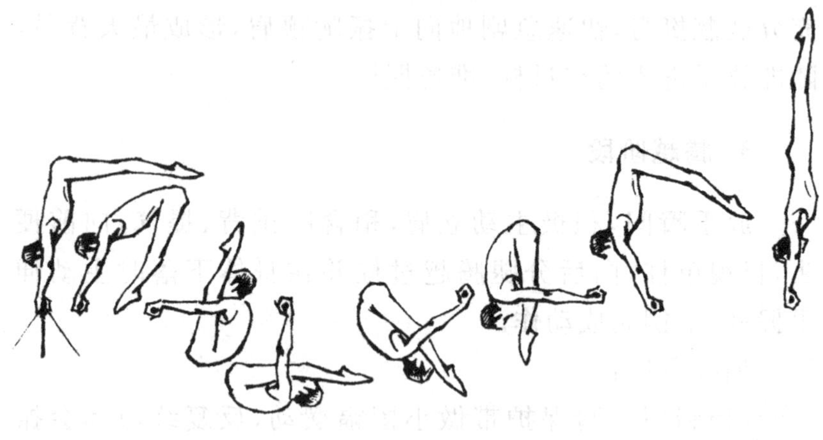

图 6-17

训练方法：

(1)练习屈体悬垂摆动，体会沉肩、屈体摇浪技术。

(2)练习屈体支撑后回环，体会并腿、插腿、前摆叠紧身体连续回环等技术。

(七)中穿前上——倒立，屈体向前摆越，后撑前回环成扭臂握倒立

该动作目的是连接后悬垂向前大回环(反吊)的主要动作，整个动作可分为两个阶段(图 6-18)。

第一阶段：从倒立开始做屈体摆越成后撑。

第二阶段：从后撑做前回环，使之组成一个有机的完

整动作。向前大回环至倒立时，稍过垂线，重心前移，直臂顶肩，含胸提气提臀，快速屈体摆越过杠成屈体后撑，随即肩前移，大腿和胸部叠紧，重心尽量远离握点，开始前回环；回环至后上 45°左右，快速用力向上伸腿展髋，同时向后翻背顶肩，梗头。眼视脚尖，身体垂直向上成扭臂握支撑倒立，为后悬垂向前大回环做准备。

图 6-18

训练方法：

(1)在倒立架或低单杠上做屈体摆越成后撑，从后撑开始，提臀，顶肩快速前翻，做后撑前回环跳下。其回环上至后撑时，臀部高于头，身体在杠上 45°以上，再推杠跳下。

(2)在教练员的帮助下练习。教练员立于高凳上，托肩帮助运动员从倒立屈体中穿成后撑，待回环上至后撑瞬间，顺势迅速托背及肩，帮助运动员控制伸腿展髋的角度及方向，随即立刻换握托其臀，使运动员成扭臂握支撑，身体伸直，顶肩倒立。随着运动员动作的熟练，助力相应减少，以增强运动员的用力感，使其掌握用力方向。

(八)直体反吊大回环

该动作可以有许多不同的连接变化,如换握转体、腾空、空翻再握等。并可以由中穿前上、转体、跳换握等来连接,当从扭臂握倒立前翻时,顶肩要充分,身体伸直,眼视脚尖,重心远离握点,自然下摆。当身体下摆至杠前下约45°时,含胸、留腿,充分下沉肩背,形成肩与髋快速后摆稍屈体的外形;当肩摆过杠后下约30°时,快速有力地向后上撩腿(倒立方向),然后又迅速翻腕、提背(直体)成扭臂握倒立(图6-19)。

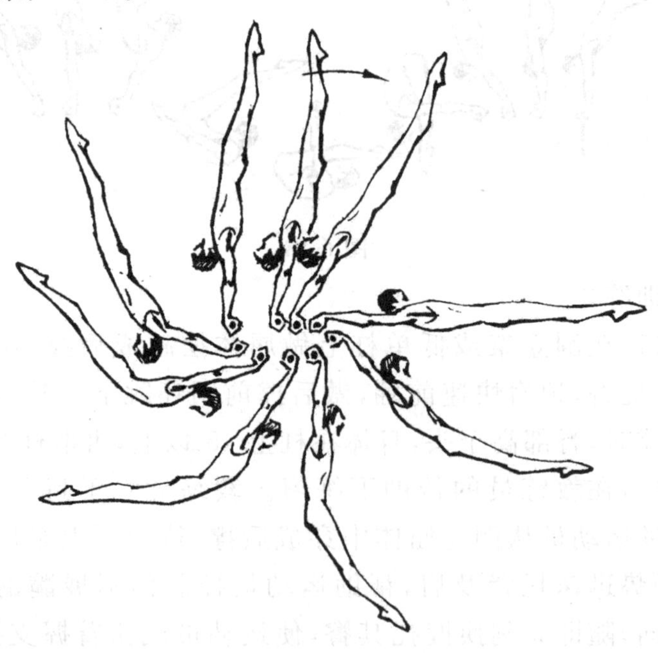

图 6-19

训练方法：

(1)扭臂握小摆，体会杠下沉肩背，向后引浪鞭打的技术。要求协调自然，做后上摆腿，明显做出背弓，然后由教练员托其肩部，上至倒立。在此基础上可体会成扭臂倒立的时机及身体各部分的协调用力。

(2)在做好上述的基础上，由教练员站在高台，在帮助下连续完成。

(九)反吊接直体前空翻成悬垂

从反吊技术的倒立开始，顶肩要充分，身体伸直，眼视脚尖，重心远离握点，自然下摆，脚尖向远处伸(又称点脚)。下摆至杠前下约45°时，身体充分下沉。当摆至杠后下45°时，迅速顶肩、撩腿。翻转到前半周时，向前走脚的同时向后走肩，后半周翻转时，则应迅速向上梗头、立肩，准备握杠(图6-20)。

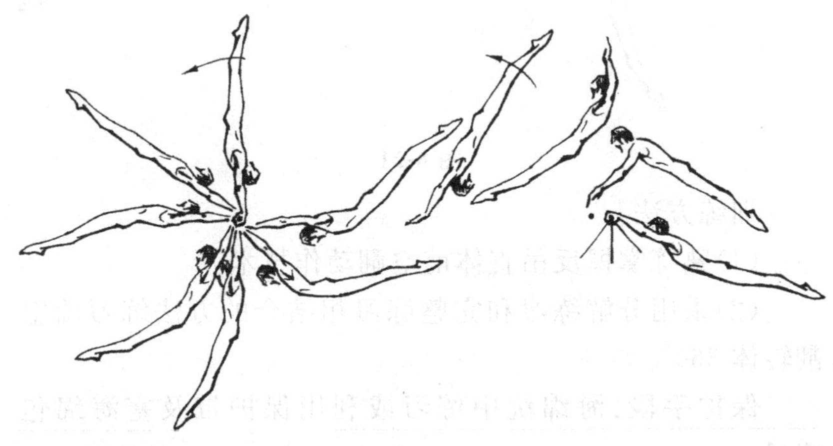

图 6-20

训练方法：从摆动开始，做直体前空翻，体会以上三点。

保护手段：利用海绵坑。

在完成反吊直体前空翻动作的基础上可以发展反吊直体前空翻转体 360°的高难度动作。此动作的技术要领(以向左转体为例)：在空翻立肩的同时，右臂往转体方向掏手，迅速完成转体，在转体的后半部分时应做好立肩抓杠的准备(图 6-21)。

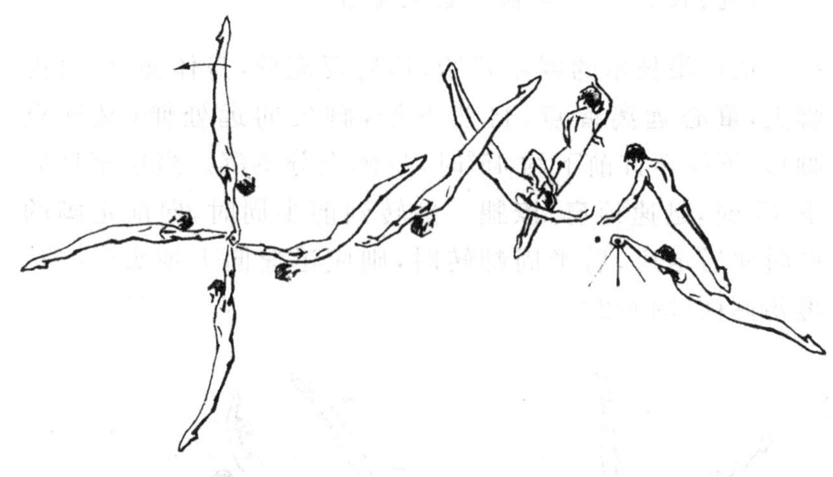

图 6-21

训练方法：

(1)熟练掌握反吊直体前空翻动作技术。

(2)采用分解练习和完整练习相结合的方法练习前空翻转体 360°。

保护手段：海绵坑中练习或利用保护带及塞海绵包练习。

（十）前摆直体后空翻转体540°成悬垂

倒立下摆开始，至杠后下约45°时开始沉肩，髋和肩快速领先，身体形成反弓，到达杠下垂面时沉肩要充分（肩角要尽量拉大），身体摆至杠前下方45°后向上兜腿，肩接近杠水平位时顶肩放手，向前走肩的同时向上、向后走脚，异侧臂向转体方向掏手，宜晚转体（图6-22）。

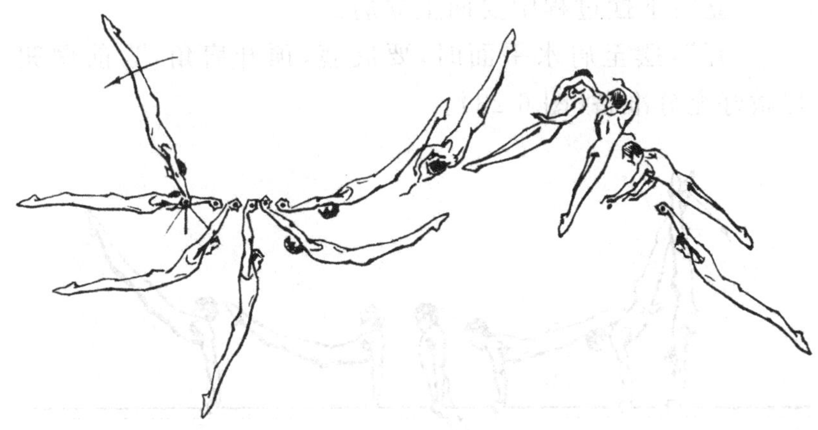

图 6-22

训练方法：

（1）先练习直体后空翻转体180°，加强空翻的时空感。

（2）在海绵坑中练习直体后空翻转体540°，可先不握杠，体会空翻时的方位感。

保护手段：利用保护带或在海绵坑中练习。

二、双杠训练

(一)基本技术动作及训练

1. 倒立支撑摆动

“远”:从倒立开始下摆时,脚尖要远走。

“立”:下摆过程中要向上立肩。

“开”:摆至肩水平面时,要展髋,顶开肩角,为前摆兜腿做好充分准备(图 6-23)。

图 6-23

训练方法:

(1)进行小摆浪练习,体会“开”的动作要点。

(2)逐渐加大摆动幅度至中浪。

(3)在教练员帮助下由倒立姿势开始练习下摆动作。

2. 大回环下摆

“远”:倒立开始,下浪时脚尖走远做“点脚”动作。

“含”:含胸下摆。

“扣”:下摆时,手腕扣住杠,晚下杠。

“开”:下摆至杠下45°时,展开胸、髋。

“沉”:至杠下垂直面时身体充分伸开并向下沉。

“兜”:身体摆过杠垂直面后,尽量晚兜腿(图6-24)。

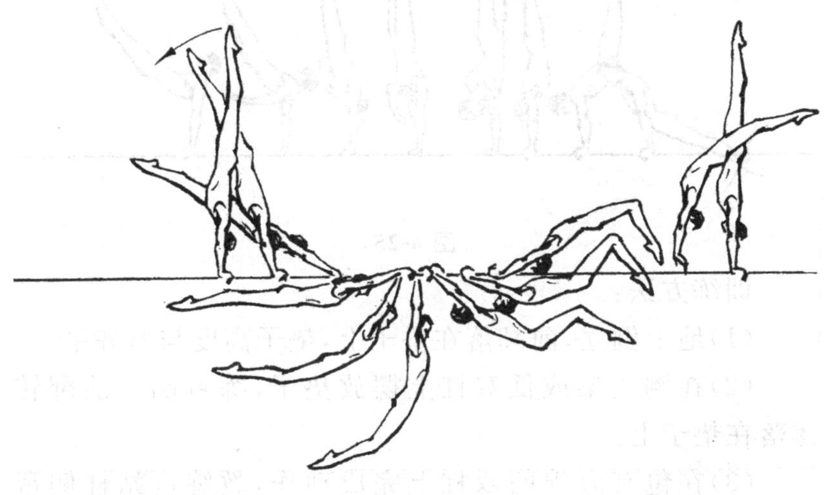

图 6-24

训练方法:

(1)悬垂摆动,体会“开”及“沉”要点。

(2)支撑位置开始,后摆下浪,体会“远”、“含”、“扣”的要点,摆幅由小至大。

(3)完整动作练习,为防止下摆脱手,教练员可用手压住运动员的手。

3. 后摆经倒立前翻转体 360°成支撑

“走脚”:经倒立后,脚尖一直向前、向远“顶”(图 6-25)。

“立肩”:前翻时,支撑臂始终向上顶。

“翻背”:用背部带动身体边翻边转体。

“撑手”:转体后手臂主动迅速撑杠顶肩,使肩角拉开。

图 6-25

训练方法:

(1)地上倒立,前翻落在垫子上,垫子高度与肩齐平。

(2)在倒立架或低双杠上摆放垫子,练习倒立前翻转体落在垫子上。

(3)在包有海绵的双杠上完成动作,教练员站杠侧帮助挡腿,缓冲下摆速度。

(二)潮流技术动作及训练

1. 杠上多周空翻挂臂

(1)支撑前摆团身或屈体后空翻两周挂臂(图 6-26、图 6-27)

由倒立姿势开始，脚尖自然下落同时立肩下摆；身体下摆至肩水平面时，展开胸、髋；当身体前摆超过杠垂直面后，双腿用力向上兜；当身体前摆超过肩水平后，两臂用力"扒"杠使身体腾起；腾起后迅速团身（屈体），两手抱紧双腿向后翻转；当身体翻转将完成并接近杠水平面时，向后伸腿展开身体，两臂主动用力挂臂撑杠并亮胸、挺髋前摆。

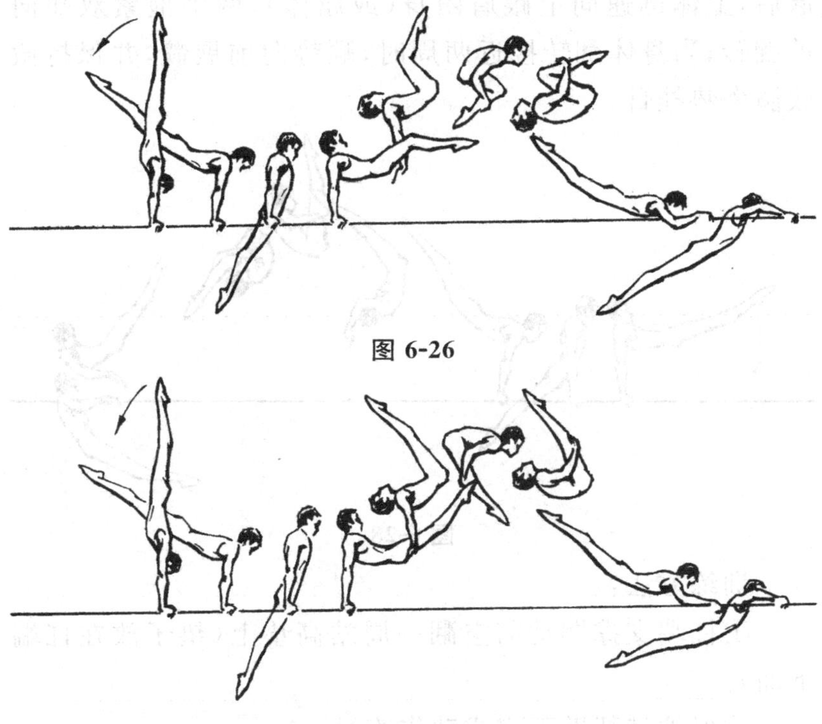

图 6-26

图 6-27

训练方法：

①练习摆动后空翻一周站高垫上（垫子放在杠中）。

②保护带帮助下做完整动作练习。

③完整动作练习，当练习者身体腾起后，教练员推海绵垫至挂臂处。

(2)支撑后摆屈体前空翻两周挂臂(图 6-28)

支撑下浪后摆开始，当身体下摆过杠垂直面以后，用力向上撩腿，抬头，适当出些背弓；当身体后摆接近倒立时，两臂快速用力向上顶肩、推手，使身体腾起；当身体腾起后，上体迅速向上跟肩团身(或屈体)，两手抱紧双腿向前翻转；当身体翻转接近两周时，顺势向前展髋，并保持微收髋姿势挂臂。

图 6-28

训练方法：

①杠端支撑摆动前空翻一周站高垫上(垫子放在杠端下面)。

②保护带帮助下完成动作练习。

③杠中完整动作练习，身体腾起后教练推海绵垫至挂臂处。

2. 杠上支撑后摆跳转体

(1)支撑后摆跳转 180°成倒立(图 6-29)

支撑后摆至杠下垂直面后，主动向后上方摆腿；当身体摆至杠上 45°左右时，由肩带身体转体，同时两腿迅速制动，并用力顶肩推杠，使身体向上腾起并完成转体 180°握杠成倒立。

图 6-29

训练方法：

支撑后摆跳转 180°成手倒立的训练方法同支撑后摆跳转 270°成一杠倒立。

(2)支撑后摆跳转 270°成一杠倒立(图 6-30)

与跳转 180°大致相同，区别在于：第一，跳转动作要稍晚；第二，后摆转体时身体重心于杠后稍向转体一侧杠外方向移。

图 6-30

训练方法：

①地上练习摆倒立跳转 180°。

②教练帮助下完成地上（及倒立架上）摆倒立跳转 180°和 270°动作。

③低双杠（或高台条件下）完成后摆跳转体动作。

④高杠上保护帮助下完成动作练习。

3. 大回环转体 360°成倒立

由倒立下摆开始，身体含胸走远，扣腕；下摆至杠下 45°时展胸髋；至杠垂直面时，身体下沉；过杠垂直面后，向上兜腿并顺势弹腿伸脚；当身体上摆至杠上 45°左右时，左臂用力压杠顶肩，右臂推离杠并朝腹前摆贴紧腹部，以带动身体转动；当转体接近 360°时，右臂迅速握杠成倒立（图 6-31）。

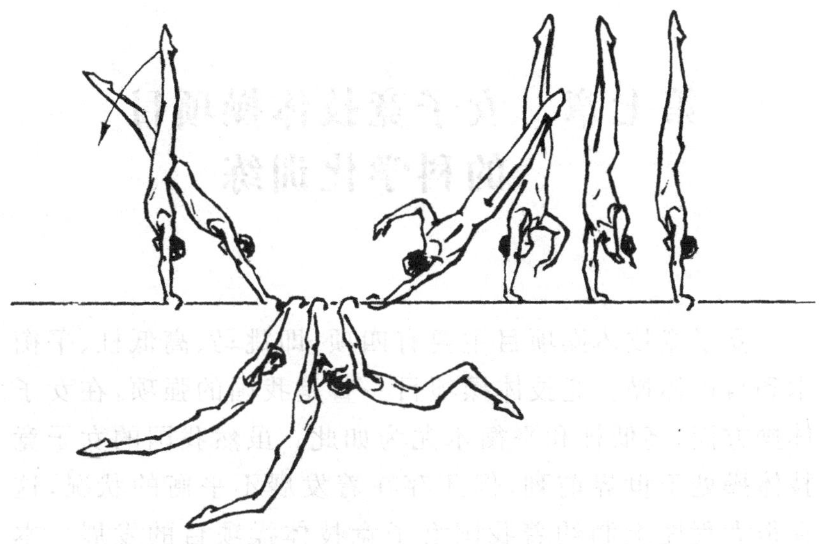

图 6-31

训练方法：

(1)地上仰卧姿势开始，在教练员帮助下慢动作体会全过程。

(2)教练员站高桌上帮助运动员做完整动作练习。

第七章　女子竞技体操项目的科学化训练

女子竞技体操项目主要有四项，即跳马、高低杠、平衡木和自由体操。竞技体操项目一直是我国的强项，在女子体操方面，高低杠和平衡木尤为如此。虽然我国的女子竞技体操处于世界前列，但还存在着发展不平衡的状况，这在很大程度上制约着我国女子竞技体操项目的发展。本章重点阐述女子竞技体操各项目的科学化训练的手段与方法，以为女子竞技体操训练提供一定的帮助。

第一节　女子跳马训练

作为男女共有的竞技体操项目之一，跳马也是我国女子体操相对较弱的项目。与高低杠、平衡木优势项目相比，存在着训练水平不高、人才缺乏的问题，但是我国的女子跳马还存在着一定的发展空间，具有较大的潜力。

一、基本技术动作及训练

(一)水平类技术

女子跳马水平类技术动作基本与男子跳马相同,但由于男女跳马的高度和位置不同,女子跳马一定要控制好后摆的高度,做水平分腿腾越时腿分大一些,脚过马后及时做挺身立上体的动作。

训练方法:

女子跳马水平类技术训练方法基本上与男子跳马相同,具体训练方法详见本书中男子跳马章节。

(二)前手翻类技术

女子跳马前手翻类技术动作基本上与男子跳马相同。由于男女跳马高度不同,与男子相比女子跳马撑马时身体位置稍高,撑马角较大,推手时间也短,肩角顶得更开。做前手翻转体动作时不应出现过大的背弓,身体稍伸直即可。

前手翻前空翻类动作主要有两种摆腿技术:一种像男子跳马一样,出现较大背弓;另一种不出现明显背弓,顶肩推手时屈髋制动腿较早。做前手翻接前空翻类动作时,起跳后的撑马角度和摆腿力量都要大于转体类动作。

训练方法:

(1)原地站立,两臂上举,以左脚尖为轴向左转体360°,同时左臂保持上举,右臂由上举经侧摆至下举贴紧体侧。

(2)面向墙站立,两臂斜上举推墙之后做上一练习的转体动作。

(3)做垫子上前手翻在教练员的帮助下转体360°之后仰卧在海绵垫上。

(4)马后放置海绵垫(同马高),做前手翻转体360°仰卧在海绵垫上,可以在教练员或同伴的辅助下进行练习。

(三)跳转180°类技术

女子跳马跳转180°类技术动作与男子侧手翻类动作技术有相似之处,都是在第一腾空起跳后加转体。不同之处主要是男子起跳后转体90°,而且是依次撑马,而女子是起跳后转体180°,两手同时撑马同时离马。女子在上板起跳第一腾空身体重心抛物线逐渐上升,先摆腿后主动翻肩转体180°撑马,身体接近倒立部位(与踺子小翻支撑相似)。撑马时两臂伸直,两手撑马时间比男子短(为0.04~0.06秒),推手总时间为0.02~0.24秒,两手撑马时几乎平行,身体基本上在垂直位置完成推手动作,推离角为87°~100°。

训练方法:

女子跳马跳转180°类技术动作的训练方法基本上与男子跳马相同,具体训练方法详见本书中男子跳马章节。

(四)踺子类技术

女子跳马踺子类技术动作主要包括踺子后手翻类动作和踺子转体类动作,下面重点介绍一下踺子后手翻类动作。

女子跳马踺子类动作的助跑水平速度比其他类型动作稍小一些，但至少应保持在7.0米/秒以上。女子跳马的趋步技术主要有两种：屈腿式和挺身式。屈腿式更符合较长距离快速助跑的特点，在女子跳马中被运动员较多地采用。

女子跳马踺子技术与技巧中的踺子技术无多大差别，只是摆腿、蹬地和推手顶肩更迅速有力一些。踺子推手后两脚应积极主动向后下方打击踏板，要垂直砸板，既不能向里贯腿，又不能过分向外踹腿，上板时两臂和上体位置尽量高一些。起跳方向向后上方，两臂经上向后下方摆臂、撑马。

踺子踏跳的缓冲动作主要表现在膝、踝关节角度的弯曲减小上，膝角由130°～150°减小到120°～130°，缓冲时间比其他类型动作稍长，当身体重心接近支点垂线位置时要迅速蹬离踏板，充分蹬直腿直至脚尖离板，整个踏跳时间为0.12～0.16秒，在踏跳的同时要加速向后上方摆臂，并延续到第一腾空，蹬离板时身体后屈，蹬离角为78°～86°，身体重心位于踏跳点后面。

踺子后手翻类动作踏跳后迅速向后摆臂移肩、挑髋，身体向后翻转要快，撑马要快，腾空时间要短，为0.12～0.20秒，肩角、髋角逐渐加大，身体呈反弓形。两手撑马时整个身体位置高于肩水平线以上，撑马角为34°～45°，紧接着是快速有力的顶肩推手，推手时间为0.12～0.20秒，推手同时迅速屈髋摆腿，推离时制动腿，肩角尽量顶开，身体由反弓形变直，基本上在倒立位置推离马，推离角为87°～102°。

推手后进入第二腾空的空翻动作要特别强调压脚、立肩、抬上体，同时做挑髋动作。完成空翻转体动作时，一般是推离马后发动转体，推手后两臂屈抱身体以加快转体速度。

训练方法：

（1）面向踏板做踺子起跳练习，教练员在背后托扶运动员腰背部。

（2）用踏跳板做短距离助跑的踺子起跳直体后空翻。

（3）用高垫子（同马高）做踺子起跳后手翻成手倒立，可在教练或同伴的帮助下完成此练习。

（4）马后放置海绵垫（同马高），做踺子后手翻推手后站在垫子上。

（5）马后放置海绵垫（先低于马，然后逐渐加高至平于马），做踺子后手翻推手后躺在海绵垫上。

（6）为了提高身体翻转速度，多做踺子直体后空翻越过马的练习（或用同马高的一根绳代替马）。

二、潮流技术动作及训练

（一）前手翻屈体前空翻转体540°

运动员快速助跑，踏跳短促有力；踏跳后加速向后上方猛烈摆腿并持续到撑马推手阶段，髋角明显增大，身体呈反弓形，同时积极主动撑马，身体位置较高；紧接着快速有力顶肩推手，两手向下“扒马”，垂直顶肩，推手同时制动腿，身体由反弓形变直，肩角顶开，在垂直位置推离马；推手后压脚、跟肩、屈髋(髋角减小至90°左右),当身体翻转1/2周上体快要立起时立即伸髋转体540°,转体方向的臂屈抱身体,转体同时伸直身体继续向后翻转一周直至落地(图7-1)。

训练方法:

(1)熟练掌握弹板或弹网屈体前空翻转体180°、540°。

(2)马后放置海绵垫做前手翻屈体前空翻转体180°练习,站在海绵垫上。

(3)在教练的帮助下做完整动作练习(先在海绵坑做)。

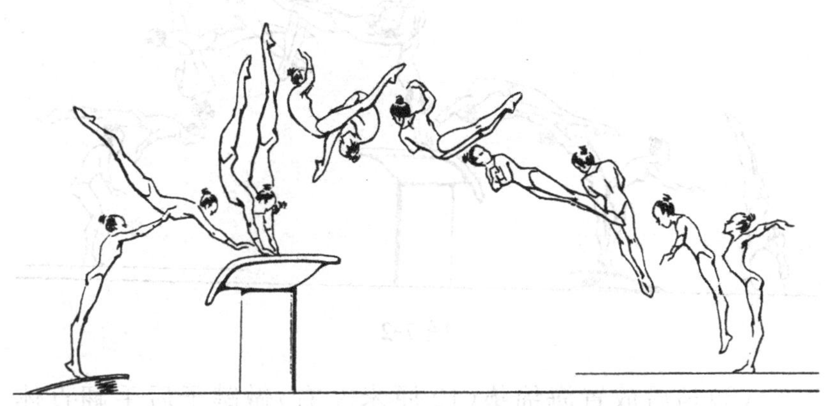

图7-1

(二)踺子后手翻直体后空翻转体720°

运动员快速助跑,踺子踏跳短促有力;踏跳后在身体重心抛物线上升的过程中快速向后翻转,积极主动向后摆臂撑马;然后迅猛有力顶肩推手,在倒立部位推离马;推离后开始转体,以头肩带动两臂向胸腹前屈抱,在身体向后翻转一周的过程中迅速转体720°,转完630°以后伸开两臂以减小转速准备落地(图 7-2)。

训练方法:

(1)熟练掌握弹板或弹网或技巧直体后空翻转体 720°的动作技术。

(2)马后放置海绵垫(60 厘米左右)做踺子后手翻直体后空翻站包练习,提高第二腾空高度。

图 7-2

(3)马后放置海绵垫(40 厘米左右)做踺子后手翻直体后空翻转体 360°站在海绵垫上。

(4)在海绵坑做完整动作练习。

(三)踺子转体 180°前手翻屈体前空翻转体 180°

踺子推手要有力,向后上方起跳,起跳同时转体 180°;积极主动撑马,迅速摆腿,充分摆开;然后利用身体反弹迅速向下垂直"扒马"顶肩推手,同时制动腿,身体伸直,在倒立部位推离马;推手后压脚、跟肩、屈髋(髋角减小至 90°左右);当身体向前翻转 1/2 周后立即以脚尖带动伸髋转体 180°，同时身体伸直继续绕横轴翻转一周后至落地(图 7-3)。

训练方法：

(1)高垫子(同马高)做踺子转体 180°成手倒立练习。

(2)高垫子做踺子转体 180°前手翻的练习。

(3)高垫子(50 厘米左右)做踺子转体 180°前手翻屈体前空翻站垫子练习。

图 7-3

(4)在教练或同伴的帮助下做完整动作练习，可以先在海绵坑上做。

(四)跳转 180°前手翻转体 180°直体前空翻

运动员快速助跑，短促有力踏跳；踏跳后迅速起跳摆腿同时翻肩转体，积极主动撑马，身体充分摆直，撑马时身体接近于倒立位置；然后两手迅速顶肩推手，在倒立部位推离马；推离后积极主动压脚立上体，在翻转的同时转体

180°。转体过程中要梗头、含胸，腿要有第二次加速摆的动作帮助直体向前翻转(图 7-4)。

训练方法：

(1)做踺子转体 180°挺身前空翻练习。

(2)马后放置海绵垫(同马高)做跳转 180°推手后转体 180°直体站在海绵垫上。

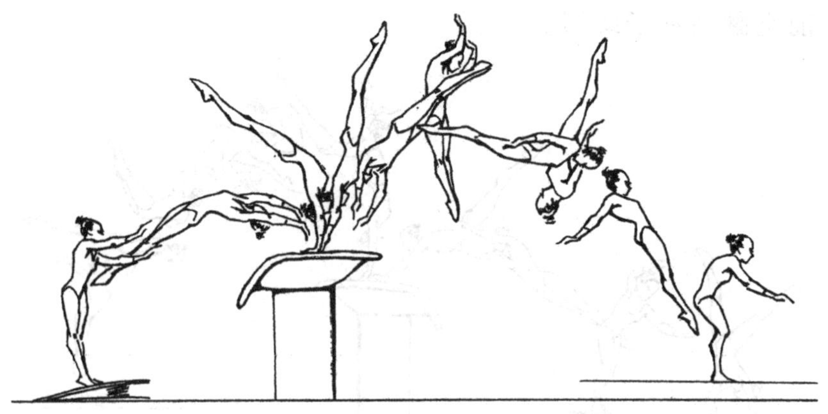

图 7-4

(3)马后放置海绵垫(同马高或低于马)做跳转 180°推手后再转体 180°站垫后立即向海绵坑内做一个直体前空翻。

(4)在教练帮助下做完整动作练习(先在海绵坑做)。

第二节　高低杠训练

高低杠是我国女子竞技体操的优势项目之一，我国有着众多的优秀高低杠运动员，在奥运会体操项目、体操世界杯赛、世界体操锦标赛中都取得过辉煌的成绩。

一、基础训练方法

（一）直观教具训练

大量的实践证明，通过直观教具的手段进行教学和训练，能很好地提高运动员的技术动作水平，可以有效缩短运动员掌握动作技能的时间，提高技术动作完成的效率。

运动员学习任何动作都是在第一信号系统和第二信号系统互相作用的基础上形成的，第一信号系统起着不可替代的作用。用生动的形象直接作用于运动员的感觉器官，以便在头脑中进行综合分析形成暂时神经联系，运动员可以依靠自己的有关经验的相似部分产生联想，思考动作的技术要领以及身体各部分肌肉用力状况。因此运动员在学习新动作的过程中，教练员可以事先准备好优秀运动员的录像，让运动员观摩录像，从中获取一定的感官认识。另外，教练员还可根据新动作的具体要求制作直观教具，如动作图解、动作模型、幻灯、计算机图像模拟技术等，以帮助运动员更好地完成新的技术动作的练习。需要注意的是，教练员在指导运动员训练的过程中，少不了讲解和演示，教练员在讲解技术要领时，其语言要力求简明、生动和形象化，促使运动员在头脑中形成正确的概念和深刻的动作表象，这对于运动员的技术动作训练是极为有利的。

(二)辅助训练

女子竞技体操运动员进行高低杠训练,还要做好辅助性练习。辅助练习是运动员学习新动作过程中首先要抓好的训练手段。高低杠上的基本动作和难度动作需要不同动作的特殊素质才能学习和掌握,例如,反吊需要肩关节的灵活性和双手内旋的柔韧素质,必须首先练习悬垂举腿、压臂、转肩、扭臂握悬垂、扭臂握倒立等辅助训练手段。

加强运动员的辅助训练,其意义主要有两个方面:一是可以提高运动员做动作的特有素质,促进动作的顺利完成;二是可以有效预防运动损伤的发生,保证运动员训练的持续性,提高训练的质量和效果。

(三)诱导训练

诱导训练也是高低杠训练中运动员学习新动作的重要手段之一。高低杠项目有很多动作,并且这些动作非常相似,它们之间都有着密切的联系,这就使得运动员原来所掌握的技术动作可以作为新的动力定型的基础,因此,在运动训练中采用与新动作类似的动作作为诱导训练有助于运动员运动技能的形成和发展。如学习向前大回环转体360°成扭臂倒立,首先必须用向前大回环转体180°、向前大回环转体180°成单臂倒立、单臂手倒立转体180°成扭臂倒立等动作作为诱导训练,通过诱导训练可以缩短运动员的训练时间,提高训练的质量和效果,从而促进运动员运动技能的形成。

二、典型技术动作及训练

(一)反吊技术

反吊技术是我国教练员和运动员在20世纪80年代开发的新技术,发展到现在已形成了反吊技术系列,被广大的运动员所使用。

1. 向后大回环转体360°成扭臂倒立

回环进入兜腿时开始转体,当身体上升到杠水平以上45°左右时,以左臂为支撑,右手离开杠向左转体180°成右手正握,左手反握手倒立,身体总重心立即向右移动以右臂为支撑左手推离杠继续转体180°,左手立即内旋扭臂握杠成扭臂倒立(图7-5)。此动作所连接的反吊大回环需要改变运动的方向,所以转体成扭臂倒立时身体总重心不能越过杠上垂直部位。

训练方法:

(1)在一根低倒立架上由教练员或同伴扶持做手倒立,以左臂为支撑肩向后转体180°成右手正握、左手反握手倒立。

(2)左手反握、右手正握,以右臂为支撑转体180°成扭臂倒立。

(3)将以上两个动作连接起来进行练习。

(4)在教练员或同伴的帮助下做向后大回环转体180°成右手正握、左手反握手倒立。

(5)在高杠上独立完成完整动作的练习。

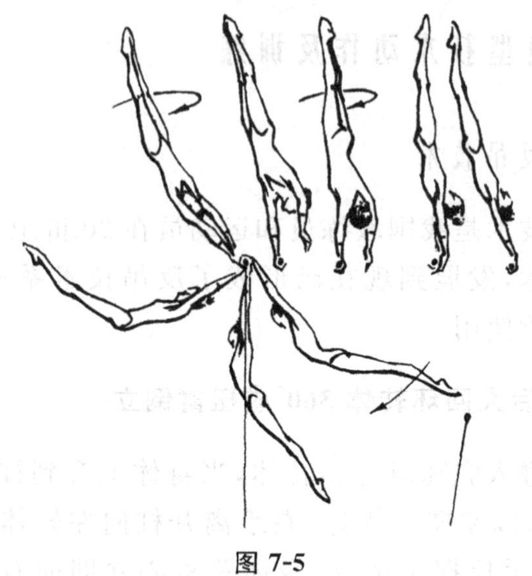

图 7-5

2. 向前大回环转体 360°成扭臂倒立

向前大回环至接近倒立时重心移向左臂，右手离杠立即贴近腹部，同时梗头并靠近左臂，眼下看，并以左臂为支撑向左转体，转体接近 360°时右手立即内旋扭臂撑杠成扭臂握倒立(图 7-6)。

训练方法：

(1)在低倒立架上扶持下做手倒立转体 180°成手倒立。

(2)在低倒立架上扶持下做手倒立以左手为支撑、右手贴腹转体 180°成以左手支撑的单臂倒立。

(3)方法同上，继续转至 270°，运动员仍然保持左臂支撑、右手贴腹的姿势。

(4)方法同上，转体 360°。

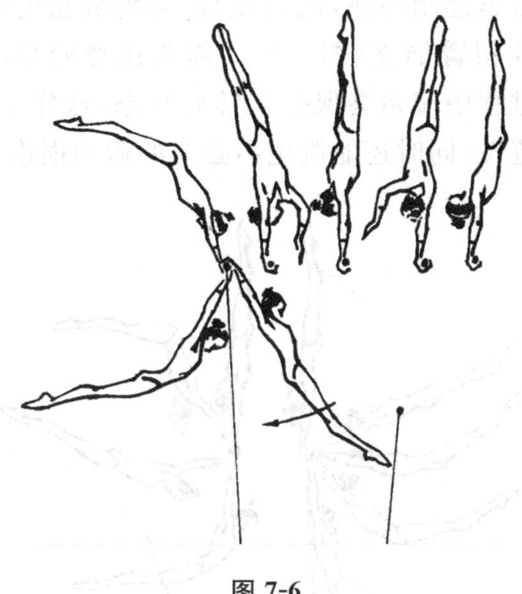

图 7-6

(5)在高杠上，做向前大回环转体 180°成以左手为支撑、右手贴腹的单臂倒立。

(6)方法同上，转至 270°，运动员仍然保持左臂支撑、右手贴腹姿势。

(7)在高杠上，做向前大回环转体 360°成扭臂倒立。

3. 反吊大回环

从半转肩的扭臂倒立开始，顶直身体前倒，下落至杠水平部位时充分顶直肩做收髋动作使双脚越过低杠，到杠下垂直部位时尽量沉肩，并保持收髋。整个身体摆过杠下垂直部位以后开始做强有力的甩腿动作。身体后摆至杠水平以上后迅速制动腿，同时提臀、翻腕成扭臂屈体倒立，然后伸髋成扭臂倒立（图 7-7）。需要注意的是，运动员在整个回环过程中应始终保持半转肩状态，这样不仅能保证动作的规范性，同时还能避免不必要的运动损伤。

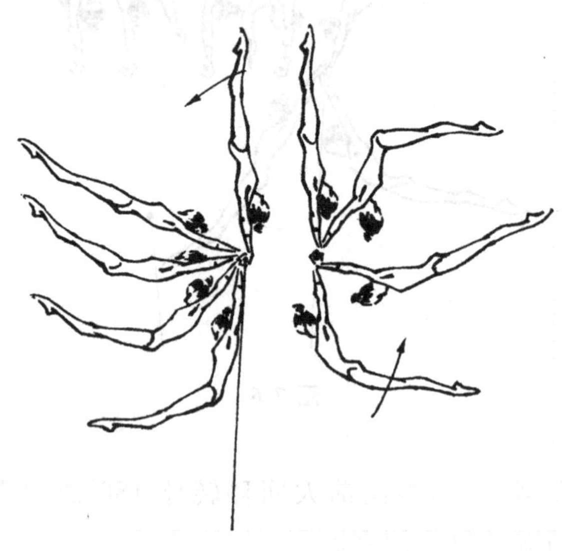

图 7-7

训练方法：

（1）做扭臂悬垂摆动练习。

（2）在长倒立架上扭臂支撑，双脚蹬地提倒立前倒躺垫。

（3）扭臂握屈体倒立伸髋成扭臂握倒立，可在教练员或同伴的帮助下反复进行练习。

（4）俯卧垫上扭臂握杠（倒立架），在助力下体会摆腿、提臀、翻腕成扭臂屈体倒立动作。

（5）在教练员或同伴的帮助下做反吊大回环练习。

4. 反吊大回环向后转体180°成手倒立

反吊大回环后摆、提臂成屈体扭臂支撑瞬间立即伸髋，当身体伸直接近倒立部位时头迅速靠近支撑臂，充分利用向上伸髋的速度向左移动重心，同时右手推离杠向左，经左臂支撑转体180°成手倒立（图7-8）。

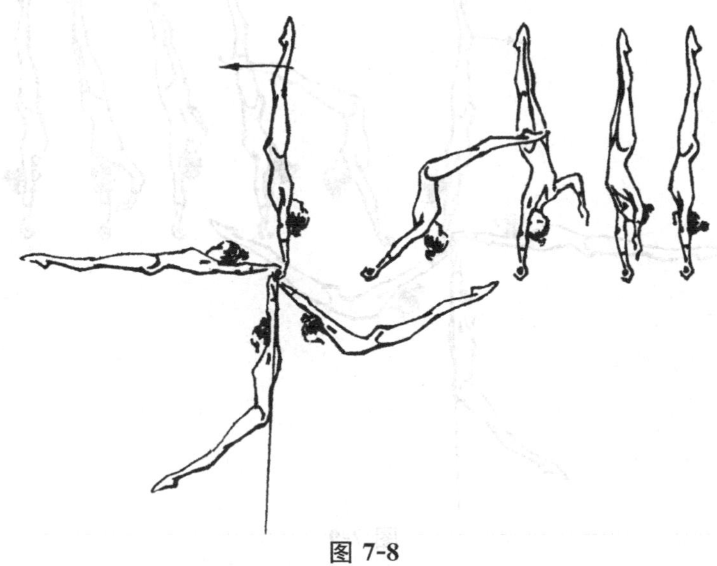

图7-8

训练方法：

（1）在长倒立架上帮助下做扭臂倒立移动转成左手支撑的单臂倒立。

（2）方法同上，转体180°成手倒立。

（3）扭臂支撑双脚蹬地提倒立，伸髋转体180°成手倒立。

（4）在教练员或同伴的帮助下，在高杠上做反吊大回环肩向后转体180°成手倒立练习。

5. 反吊大回环跳转 180°成手倒立

运动员做反吊大回环后摆接近倒立部位时双手离杠，同时头向转体方向扭动。眼向左看杠，左手跳换成反握，右手贴近腹部，以左臂为支撑转体 180°，右手迅速撑杠(图 7-9)。

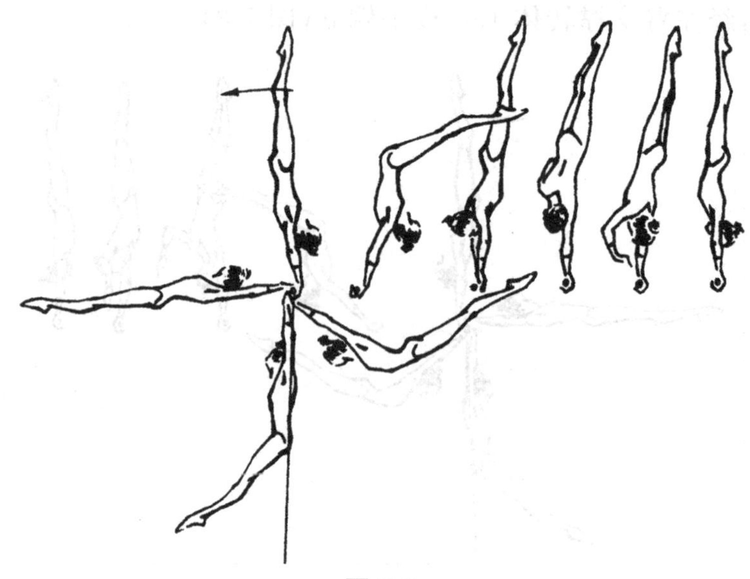

图 7-9

训练方法：

(1)反吊大回环后摆上换成正握手倒立。

(2)反吊大回环后摆上换成反握手倒立。

(3)反吊大回环后摆上换成反握手倒立转体 180°。

(4)反吊大回环后摆上换成左手反握杠、右手贴腹的单臂倒立。

(5)同上，做单臂支撑转体 180°成手倒立。

6. 反吊前空翻再握

运动员要想顺利完成这一动作，需要不断加快反吊大回环的速度，当身体从倒立部位前倒时顶直肩稍挺髋以加快身体运动速度，身体下落至杠水平时保持顶直肩，收髋，有利于双腿过低杠，下摆至垂直部位时充分沉肩，保持收髋，身体下摆过杠下垂直部位后，开始向后上方做强有力的甩腿动作，双腿摆过杠水平面以上约 30°时迅速制动腿，两臂顶住杠子提臀，同时双手离杠，上体主动靠向下肢，使身体在杠后上方翻转一周，身体还未下落前，含胸，双手主动抓杠伸髋下摆（图 7-10）。

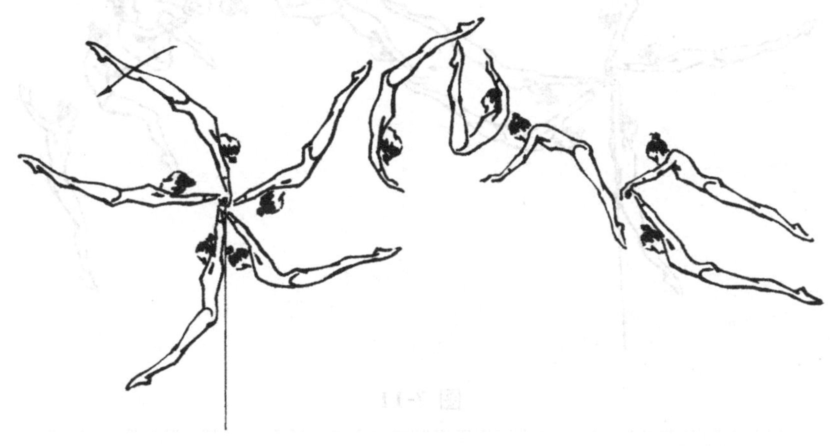

图 7-10

训练方法：

(1)杠上做反吊回环练习。

(2)在教练员或同伴的帮助下做杠上反吊前空翻练习。

7. 反吊团身前空翻两周下

反吊团身前空翻两周下的鞭打振浪技术与反吊前空翻不同之处是甩腿后顶开身体后摆，摆腿方向是杠子的后上方，当双腿摆过杠后水平部位以上后脱手离杠，提臂同时屈腿，上体迅速靠近下肢，双手抱住小腿，团身要紧，使身体在空中快速翻转两周至上体接近垂直部位时伸髋伸腿落地（图 7-11）。

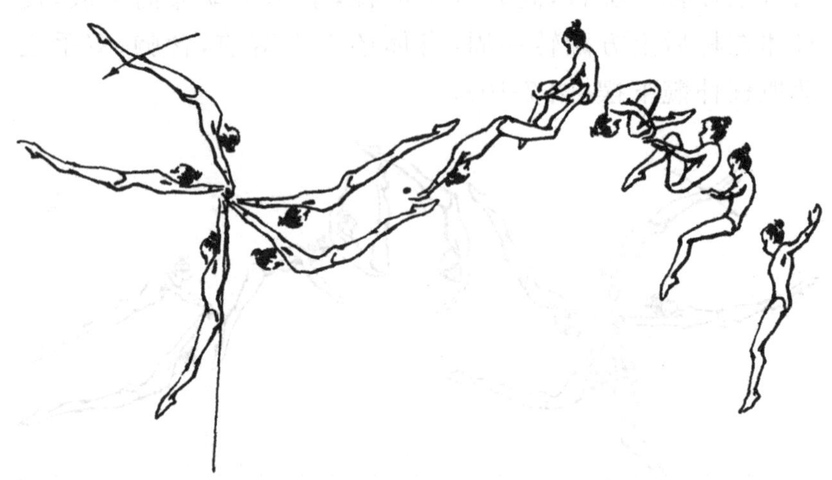

图 7-11

训练方法：

（1）反吊大回环后摆上换成正握手倒立（提高后摆速度）。

（2）反吊大回环振浪鞭打后摆，顶开肩脱手，使身体向后上方腾起，然后落于海绵坑上成俯卧姿势。

(3)反吊前空翻一周下(体会鞭打做空翻动作的脱手时间和空翻技术)。

(4)反吊团身前空翻两周下完整技术练习。

(二)大回环

1. 向后大回环

向后大回环在20世纪80年代初是高低杠上的高难度动作,现在是非常重要的基本难度动作,很多高难度动作需要用它来连接,向后大回环质量的好坏直接影响到高低杠技术的进一步发展,为此,在女子高低杠的基础训练中,它是必须重点抓好的动作之一。

向后大回环的技术动作如图7-12所示。

训练方法:

(1)加强速度练习。做大回环练习时,在倒立部位不能停顿,肩、胸、髋、脚尖充分顶直,不能出现挺胸、挺腹、抬头等动作。

(2)振浪鞭打动作练习。练习时要充分而合理地利用髋关节的屈伸和兜腿等动作促使大回环产生加速度,以提高空翻腾越的高度和速度。

(3)在杠下垂直部位要充分沉肩,利用沉肩动作增大杠子向下变形的弯度,有利于充分利用杠子变形后产生的弹性势能(反弹力)来提高所连接的空翻腾越动作的高度。

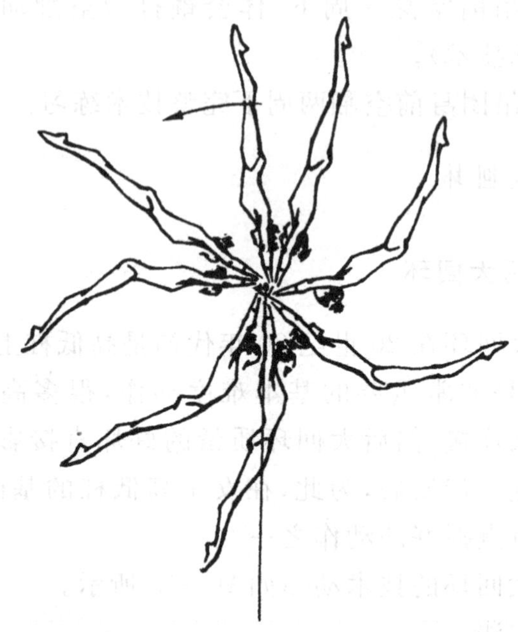

图 7-12

2. 向前大回环

向前大回环是高低杠技术中一个非常重要的基本动作，运动员众多高难技术动作的完成都需要此技术来衔接，可以说运动员向前大回环技术的高低直接影响着其他技术的进一步发展。向前大回环的规格质量与向后大回环相同，即速度要快，要有沉肩和振浪鞭打技术，这种振浪鞭打技术与向后大回环相反，是伸、屈、甩腿动作(图 7-13)。

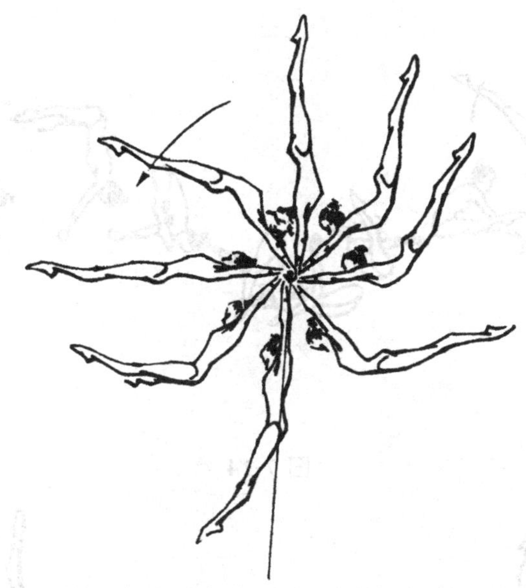

图 7-13

训练方法：

训练方法与向后大回环相同。

(三)屈伸动作

1. 分腿支撑后(前)回环

分腿支撑回环动作最常见的是正掏和反掏，在 20 世纪 70 年代后期至 80 年代初期，国内外有许多运动员在比赛中采用正掏和反掏技术，自从国际体操评分规则把这些动作降为 B 组难度后，使用这种类型动作的人数就越来越少了。但是利用正、反掏动作也可以拓展出一些高难度的动作(图 7-14、图 7-15)。

图 7-14

图 7-15

训练方法：

(1)在教练员的帮助下做分腿腾跃动作练习，练习时要注意动作的准确性。

(2)做后滚翻动作练习，体会动作要领。

(3)反复练习迅速上翻成支撑的动作,教练员可做集体或个别指导。

2. 正掏倒立转体360°

这个动作从正握手倒立开始,当整个身体后倒处于失重状态时,顶直肩收髋后倒,并在后倒过程中分腿屈髋,当下落至杠下垂直部位时屈体达到最大限度,两腿尽量超过上体以储备伸髋的最大能量,当身体越过杠下垂直部位后接近杠前水平部位时,以最大的速度迅速伸髋,与此同时顶开肩并以左臂为轴转体180°成反握手倒立。紧接着利用转体惯性以右臂为轴继续转体360°成手倒立(图7-16)。

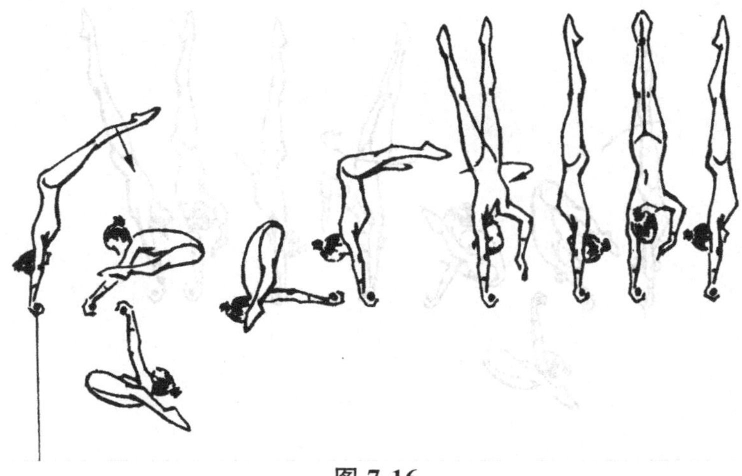

图7-16

训练方法:

(1)在杠上反复做手倒立动作,身体姿势要舒展,充分体会技术动作。

(2)在教练员的帮助和指导下做完整练习。

3. 反掏倒立转体 360°成扭臂悬垂

这个动作从反握手倒立开始，尽量顶直身体前倒，当身体处于失重状态时，开始分腿屈髋，随着身体前倒迅速减少屈体角度，当身体下落至杠下垂直部位时，屈体达到最大限度，两腿向上体下压并越过躯干，身体后摆接近杠后水平部位时压肩、提臀，当身体总重心上升至杠水平面以上时开始伸髋并腿，与此同时将身体重心移至左臂，右手离杠贴腹，以左臂为支撑迅速转体，当转体接近 360°时右手内旋握杠成扭臂悬垂(图 7-17)。

图 7-17

训练方法：

训练方法与正掏倒立转体 360°基本相同。

第三节　平衡木训练

平衡木同样也是我国女子竞技体操的优势项目之一，在历届竞技体操大赛中都取得过优异的成绩。平衡木对运动员的技术要求较高，运动员必须要掌握扎实、全面的技术，并且具备良好的心理素质才能顺利完成整套动作。

一、基本技术动作及训练

随着运动员技术水平的不断提高，平衡木的难度动作发展得也越来越快，如空翻挂串、体操和技巧动作挂串、跳步挂串等都属于难度很高的技术，这些高难技术对运动员完成的准确度要求非常高。因此，运动员要想掌握好这些技术，除了必须具备扎实的基本功外，还要掌握各种技术动作的类型，并且还要重视各技术动作前后连接的技术。

平衡木的技术动作主要有：踺子、后手翻、前手翻、团身后空翻、挺身前空翻、侧空翻以及各种跳步等。教练员可根据运动员自身特点进行有目的的选择和训练。下面重点讲解一下基本技术及训练。

（一）跳步

运动员要充分起跳，所做的动作要有一定的高度，空中姿态优美，并要注意动作的技术规格。运动员在训练中常犯的错误为：没充分跳起就急于做动作，以至于动作未达到技术规格。

训练方法：

(1)在木上练习双脚起跳的垂直跳起，双脚或单脚落木，体会单双脚落木的感觉。

(2)在木上练习单脚点跳的“希松跳”，以及纵木的原地前后分腿跳，体会双脚起跳、双脚落木的感觉。

(3)在木上练习单腿起跳。一腿前举，另一腿跳起再落木。

(4)加强以上几个动作的练习，然后根据个人特点练习和发展各种跳步动作。当跳步动作完成得较好后，不少跳步还可以再加上转体。可先从转体90°，再慢慢加至180°、270°、360°等。所有的跳步训练方法的步骤都是从易到难，转体度数从少到多，练习动作从地上到低木再上高木。

下面以前后交换腿劈叉跳为例来详细分析下跳步的基本动作及训练方法。

(1)右腿站立，左腿前举，两臂侧平举。

(2)左腿经前举45°向前跑两步，接着左腿快速向前上方踢起，同时右腿蹬木向上跳起，两臂前后自然摆动，向前跑动时要求立髋、立肩、脚踩实。

(3)起跳腾空时立髋、立肩，两腿快速交换向前后摆动，空中两腿开度180°，两臂前后自然摆至左臂前平举，右臂侧平举。

(4)右腿主动踏木,同时立肩、立髋、举后腿(图 7-18)。

图 7-18

训练方法:

(1)原地右腿站立,做左腿前后摆动(前后踢腿)。

(2)先在地上训练,当运动员正确掌握技术后,逐步进入低木或高木的训练。

(二)趋步毽子

(1)趋步时,身体重心主动前移,两臂自然前后摆动。

(2)趋步蹬起时,肩正、梗头、收腹、立髋。

(3)含胸主动下手支撑,同时快速摆腿(双手扶木方法:先支撑的手内转,横木支撑,第二只手纵木支撑手指尖对着前面一只手,两手距离不宜太大)。

(4)蹬地腿主动蹬地后迅速与摆动腿并拢,同时转体180°。整个动作过程要求经过手倒立。

(5)梗头、推手、立肩、提气、收小腹、立髋,两腿夹紧以前脚掌主动落木(图 7-19)。

图 7-19

训练方法：

(1)在低木上反复练习趋步技术。

(2)在低木端进行下手支撑阶段的慢动作训练。运动员原地站立，做下手支撑蹬摆转体 180°成倒立，教练员在手倒立阶段帮助运动员正确地找好倒立位置，然后双手扶腿放置地面或垫子上。

(3)在低木上做原地或助跑趋步踺子。手支撑在木端，脚落在垫子上。要求运动员能正确地把下手支撑阶段的技术充分表现出来，同时进一步强调和加大蹬摆腿动作的速度。

(4)在低木上进行完整的趋步踺子起跳训练。要求运动员两脚落木后立即起跳。教练员可站在木端前，当运动员起跳时，用手扶住运动员的腰部向上托起。

(5)在高木上进一步强化趋步技术和踺子推手站立技术。为有利于运动员克服胆怯心理，保持技术的正确性，可在高木前放置海绵包(同木高)。

(6)高木助跑趋步踺子蹦起，落在木端前的海绵包上。

运动员做此动作要有水平速度和充分的腾空。

(7)当运动员掌握了趋步和踺子技术后，再进行下一步的空翻下练习。

(三)后手翻

(1)梗头、立肩、双膝自然弯曲半蹲，两臂同时下摆至体后，身体重心向后移动。

(2)梗头甩臂、倒肩、顶髋蹬跳。

(3)含胸，梗头支撑，髋关节充分打开，经短暂的背弓手倒立(撑扶木时两手可前后分开半个手左右的距离)。

(4)推手、立髋、立肩、提气站立(图 7-20)。

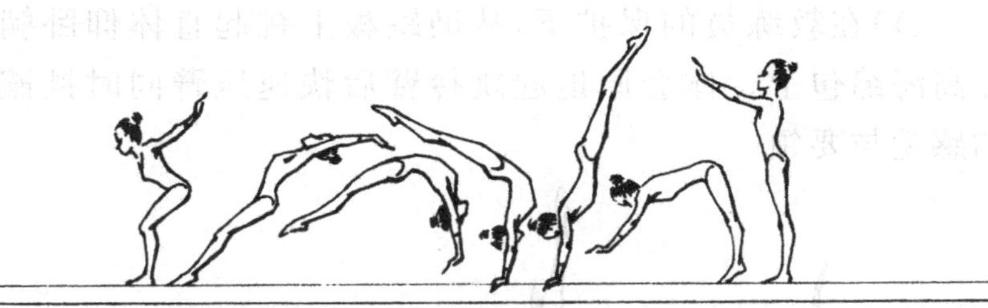

图 7-20

训练方法：

(1)在海绵包上练习半蹲、蹬跳仰卧躺包，体会向后移动身体重心以及蹬跳甩臂技术。

(2)在教练员或同伴的帮助下，做蹬跳向后成手倒立。体会正确的背弓手倒立位置。

(3)在教练员或同伴的帮助下完成后手翻动作，至独立完成。

(4)在教练员帮助下做低木练习。要求运动员掌握正确的支撑位置:双手前后支撑,切不可以双手重叠支撑,因这种支撑方法支撑面较窄,易造成动作的稳定性差,且推手无力。

(5)当运动员后手翻技术较稳定时可低木和高木交替训练。

(四)直体后空翻

运动员起跳必须充分,梗头、含胸,快速抡臂后压臂,同时挑髋。身体始终保持直体,可稍有一点背弓。当身体过垂线后必须快速立肩、立上身、两脚主动踩木(图 7-21)。

训练方法:

(1)在教练员的保护下,从助跳板上跳起直体仰卧躺在高海绵包上。体会原地起跳抡臂后快速压臂同时挑髋的感觉与要领。

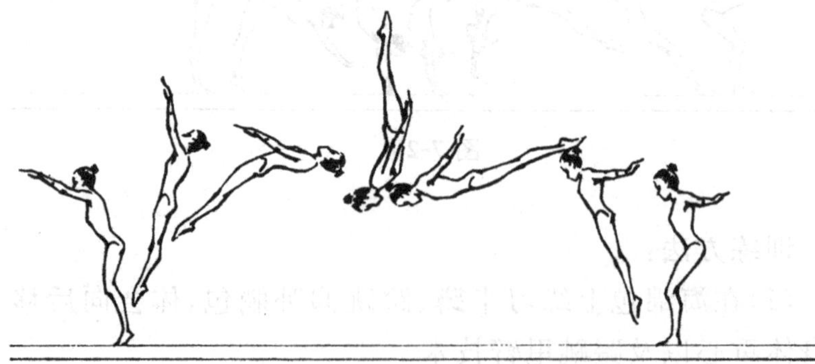

图 7-21

(2)在教练保护下,从助跳板上做完整的直体后空翻落在垫子上成站立。

(3)用上述的训练方法在低木木端练习(在木端放置与低木同高的垫子)。

(4)在低木完成用踺子或后手翻连接的直体后空翻。踺子或后手翻落在木端,直体后空翻落在垫子上。

(5)在低木完成完整的踺子或后手翻连接的直体后空翻。

(6)完成以上练习后,再移到高木上去进行。为减少运动员的恐惧心理,可先采用与在低木上一样的训练方法。有条件可把垫子放得与木同高,待熟练后再撤。

(五)挺身前空翻

(1)一腿站立,另一腿伸直前点,两臂侧平举。

(2)梗头、立肩,身体重心移至摆动腿,蹬地腿前举,并上前一步主动踏地成半蹲,后腿自然弯曲,两臂经体侧至上举。

(3)梗头、含胸,肩迅速下压与蹬地腿折叠,两臂继续向下至后摆,同时摆动腿充分后摆。

(4)蹬木、起跳、空中抬头、挑腰、两腿充分打开。两臂绕至斜上举。落地后支撑腿主动立髋、立腰,前腿经前上方迅速与支撑腿并拢,提气、收小腹、吸紧后背、两臂斜后举站立(图7-22)。

训练方法:

(1)分解练习:左腿在前、右腿在后,经半蹲,肩迅速下压与前腿折叠,两手撑地,前腿蹬直踩地,后腿摆至180°。

(2)在教练员帮助下做完整的挺身前空翻。

(3)独立从高处往低处做挺身前空翻。

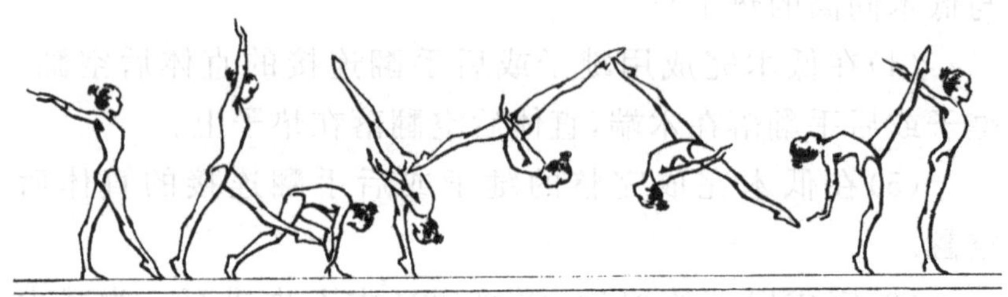

图 7-22

(4)在平地上练习完整动作,独立完成。

(5)在低木上练习。

(6)在高木上练习。

二、潮流技术动作及训练

(一)跳步与有腾空的技巧动作的连接

跳步与有腾空技巧的动作非常复杂,对各技术动作之间衔接技术的要求较高,跳步动作要保持稳定,腾空要舒展并具有一定的协调性。

训练方法:

(1)反复练习跳步动作,然后再练习跳步落地直接连接下一个技巧动作的起跳,并掌握好起跳的角度。接向前的技巧如团身前空翻时,起跳角度要稍前倾一些,必须立髋、带臂、梗头、含胸。接向后技巧动作的跳步落地,重心应稍往后,也必须立肩。

(2)在地上练习原地跳再接技巧动作。

(3)可在地面上把两个动作连接起来完成。

(4)在低木上练习。先在木端进行,落在与木同高的垫上,以消除恐惧心理。

(5)在高木上练习。

(二)有腾空的技巧动作与跳步连接

一般来说,有腾空的技巧动作与体操跳步动作的连接相对容易一些,但对技巧动作的要求却较高。运动员的空翻必须要有一定的高度,落地重心要高,身体要直,这样才能完成较高质量的跳步动作。

训练方法:

(1)提高技巧动作的质量,落地时要主动跳,迅速立肩、立上身,保持身体起立,重心在两腿上。

(2)技巧动作连接垂直跳。

(3)技巧动作连接所预定的跳步动作。

(三)两次后手翻接直体后空翻转体360°

两次后手翻的技术动作要领同一次后手翻基本相同。在做直体后空翻转体360°时,要求运动员要直体、梗头、含胸,以髋和肩带动身体转体。

训练方法:

(1)首先在地上沿直线练习两次后手翻站立,再到低木上练习,在木端放置与木同高的垫子。练习两次后手翻,第二个后手翻落在垫子上。技术熟练后第二个后手翻落在木上。动作连接要有速度，主要练习推手、立肩及快速压臂动作，落木时两腿要主动有力以前脚掌着木。

(2)在地上练习直体后空翻。

(3)在地上完成两次后手翻接直体后空翻，熟练后再移至低木、高木完成。

(4)在地上保护做原地直体后空翻转体 360°。

(5)在地上完成两个后手翻直体后空翻转体 360°。

(6)在低木木端放置垫子与木同高，做两次后手翻接直体后空翻 360°落在垫上，然后再在木上进行完整练习。

(7)最后上高木练习，练习方法与低木相同。

第四节 女子自由体操训练

在我国女子竞技体操中，相对来说，自由体操是其弱项之一，因此，在未来的发展中，势必要借鉴国外先进的训练模式、手段和方法来促进我国女子自由体操的发展。本节关于女子自由体操的训练，主要分自由体操基础训练和潮流技术训练两个部分进行。

一、基础训练

(一)形体训练

对于体操运动员来说，形体是非常重要的一方面，在平时的训练中需要不断地加强形体训练，这是提高体操技术的基础和保证。形体训练不仅能够塑造运动员正确的身体姿势，还能培养其美的意识，对于提升自己体操技术的表现力是非常有利的。

女子竞技体操运动员进行形体训练，需要从以下几个方面进行。

1. 严格要求动作规格，加强基本动作训练

形体训练要从站立、行走、举手、投足等基本的动作开始，严格要求动作的规格。运动员在训练的过程中，要在音乐的伴奏下，掌握基本技术和动作要领，同时还要培养和启发自己的想象力，为今后提高技术动作的表现力和个人风格的形成打下坚实的基础。

2. 重视基本技术练习

形体训练还要非常重视基本技术的练习，练习时要按照基本规则进行。由于在比赛中因体操动作质量或连接技术达不到要求而被降组或被判为动作之间有多余步伐的情况屡见不鲜，所以在训练中必须讲求训练的手段和方法，严格规范技术动作。在平时的训练中还要注意动作的编排，编排要合理有序，动作完成得干净利落，这样才能给观众和评委留下良好的印象，而不至于导致多余的扣分。

3. 加强放松动作的训练

放松动作和各种剧烈的、快速紧张的动作相互交替，变换动作和节奏，表现出运动员良好的协调能力，因此加强运动员放松动作的训练也是至关重要的。一般来说，放松动作常常出现在艺术体操等级大纲中，从中选择一些适用于体操运动员的内容加入到形体训练中去，往往能收到意想不到的效果。

（二）技巧串训练

发展到现在，女子自由体操非常注重技巧串的训练。技巧串的加难加长和一套动作包括四串高难度的技巧连接就是女子自由体操发展的趋势之一。

运动员的技巧串训练必须有一个前提，那就是在正确、熟练地掌握了单个动作的前提下进行，否则就难以取得良好的训练效果。

运动员在技巧串训练中，需要注意以下几个方面：第一，必须遵循技巧动作连接技术的生物力学规律，搞清训练对象的情况，把握训练的起始时机；第二，技巧串训练必须要循序渐进，采用科学合理的训练手段和方法；第三，集中注意力，及时发现训练中出现的各种问题，并能采取措施加以解决。训练要按部就班地进行，切不可操之过急和粗心大意。

二、潮流技术动作及训练

(一)直体后空翻两周

直体后空翻两周是当前国内外优秀女子竞技体操运动员广泛采用的高难度技巧动作之一,其主要技术动作是起跳和翻转(图 7-23)。这两种技术不仅是自由体操的基本技术,同时也是潮流技术之一,此种技术能否掌握和顺利完成对自由体操运动员其他技术的提高有着重要的意义。

图 7-23

训练方法:

(1)原地后手翻接后手翻接直体后空翻,练习起跳和翻转的技术。

(2)弹网上做低而翻转快的直体后空翻。手臂从上举位置起,不做预摆。

(3)在保护带保护下做原地后手翻接后手翻接直体后空翻两周,体会动作全过程。

(二)直体后空翻两周加转体360°

直体后空翻两周加转体360°是当今女子自由体操中难度价值最高的技巧动作之一,它是在直体后空翻两周的基础上形成和发展起来的,因此,运动员除了掌握基本的直体后空翻两周技术外,还要掌握好转体的技术。

直体“旋”的做法有两种:一种是转体较早称为早“旋”,另一种是晚“旋”,即当空翻第一周翻至头朝下时开始转体360°。大量的实践表明,晚“旋”技术比早“旋”好,因为晚“旋”可以保证运动员有充分的起跳动作,第二周时又可以加速翻转,空中造型保持较好,落地也比较稳。

直体后空翻两周加转体360°的技术动作如图7-24所示。

图7-24

训练方法：

(1)运动员在平时的训练中要加强直体后空翻两周练习。

(2)练习踺子—后手翻—直体后空翻两周加转体 180°技术，采用晚“旋”的技术进行练习。

(3)弹网上练习直体后空翻两周加转体 180°落海绵坑。

(4)在保护带保护下练习手倒立—后手翻—后手翻—直体后空翻两周加转体 360°。

(三)直体后空翻转体 900°接团身前空翻

目前，女子自由体操单个技巧的动作已非常完善，其提高和创新处于相对平衡的状态，难以再取得重大的突破。因此，采用空翻的直接连接来提高自由体操成套动作的连接价值成为女子自由体操突破瓶颈的方向之一。

这一连接的技术首先就是要求运动员正确、熟练地掌握直体后空翻转体 900°技术，该技术的基本要求为空翻正、转体好、落地时重心高。

直体后空翻转体 900°接团身前空翻的技术动作如图 7-25 所示。

训练方法：

(1)弹网上做直体后空翻转体 900°落海绵坑或放置在海绵坑里的海绵包上。

(2)踺子—后手翻—直体后空翻转体 900°站海绵包。

(3)高台跳下同时转体 180°落于踏板上，接着跳起做团身前空翻。

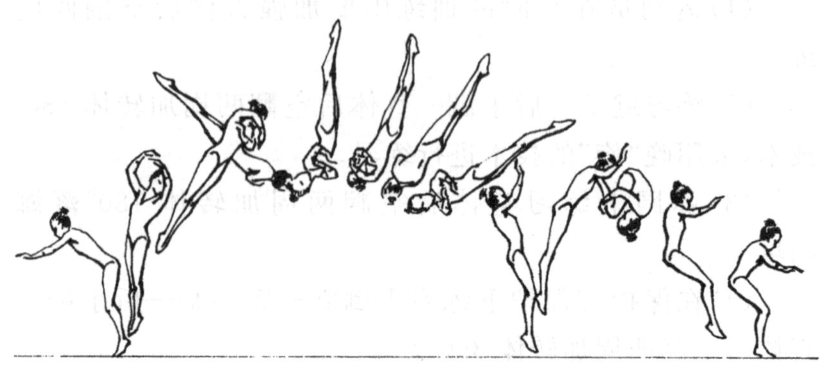

图 7-25

(4)熟练掌握以上单个基本练习,并在此基础上加以完整的练习。

(四)横劈腿跳,落地成俯撑

该动作通常是采用踺子或后手翻连接。它还可以发展为加转体180°或360°成俯撑。

该技术的基本动作为,运动员在充分起跳后,当身体接近最高点时双腿迅速向两侧举起,经横劈叉后绕至后举,同时上体前倾,双臂收至腰侧,使身体呈水平状,手、脚同时着地,屈臂缓冲成俯撑(图 7-26)。

训练方法:

(1)加强双脚起跳横劈腿跳的练习。

(2)站立前倒成俯撑。

(3)跳起双腿后摆落成俯撑。

(4)在保护带帮助下练习。

(5)进行完整动作练习。

图 7-26

参考文献

[1]马鸿韬.竞技健美操.北京:高等教育出版社,2005

[2]吕万刚.竞技体操训练的科学化探索——竞技体操创新理论的研究.北京:北京体育大学出版社,2003

[3]任静.我国竞技体操方面学术论文的研究现状及展望.太原理工大学,2012

[4]郑春梅.竞技体操科学研究的进展与未来.山西大学学报,2007,30(11)

[5]吕万刚.竞技体操创新理论研究.北京体育大学,2001

[6]顾晓霞.竞技体操技术创新的各要素分析.体育科学研究,2006

[7]朱光辉.男子竞技体操技术创新发展的规律性特征研究.体育科学,1997(2)

[8]薄云霄.体操创新几个问题的探讨.山西体育科技,1997(3)

[9]张真美等.体操动作创新原则与方法的探讨.山西大学学报(社科版),1998(2)

[10]吴维铭.竞技体操动作技术创新方法探究.中国体育科技,1999(2)

[11]雷强.开发体操技术新领域的思考.西安体育学院学报,1992(2)

[12]吕万刚,候富民.竞技体操创新激励机制类型与激励方法研究.武汉体育学院学报,2004

[13]郑吾珍等.竞技体操训练学.北京:北京体育大学出版社,1990

[14]姚侠文.现代跳马技术与教学训练.北京:北京体育大学出版社,1993

[15]张云贵.竞技体操动作的创新与训练.武汉:武汉出版社,1994

[16]刘红星.竞技体操动作创新的基本特征与方法.山西体育科技,1998(4)

[17]李静,肖志艳.论竞技体操创新.宿州教育学院学报,2009

[18]孟宪林等.体操动作的移植与创新.河南体育科技,1992

[19]王辉,王毅.竞技体操技术创新与创新能力分析.山东体育科技,2005

[20]王执琪.体育制度创新的思考.安徽体育科技,1996(2)